清华大学
中国平衡发展指数报告
（2021）

Tsinghua China Balanced Development Index 2021

许宪春　白重恩　刘涛雄　主编

清华大学出版社
北京

版权所有，侵权必究。举报：010-62782989，beiqinquan@tup.tsinghua.edu.cn。

图书在版编目（CIP）数据

清华大学中国平衡发展指数报告 . 2021 / 许宪春，白重恩，刘涛雄主编 . —北京：清华大学出版社，2023.4

ISBN 978-7-302-61064-9

Ⅰ.①清… Ⅱ.①许…②白…③刘… Ⅲ.①社会主义建设－研究报告－中国 Ⅳ.① D61

中国国家版本馆 CIP 数据核字（2023）第 040508 号

责任编辑：纪海虹
封面设计：何凤霞
责任校对：王凤芝
责任印制：杨　艳

出版发行：清华大学出版社
　　网　　址：http://www.tup.com.cn，http://www.wqbook.com
　　地　　址：北京清华大学学研大厦 A 座　　　　邮　　编：100084
　　社 总 机：010-83470000　　　　　　　　　　邮　　购：010-62786544
　　投稿与读者服务：010-62776969，c-service@tup.tsinghua.edu.cn
　　质 量 反 馈：010-62772015，zhiliang@tup.tsinghua.edu.cn
印 装 者：北京博海升彩色印刷有限公司
经　　销：全国新华书店
开　　本：185mm×260mm　　　印　张：11　　　字　数：172 千字
版　　次：2023 年 4 月第 1 版　　印　次：2023 年 4 月第 1 次印刷
定　　价：128.00 元

产品编号：096403-01

《清华大学中国平衡发展指数报告》编委会

顾　问　宁吉喆

主　编　许宪春　白重恩　刘涛雄

编　委　刘精明　郑正喜　张钟文　任　雪　胡亚茹
　　　　杨　静　胡远宁　张美慧　雷泽坤　朱　莉
　　　　王　洋　郁　霞　刘婉琪　彭　慧　陈丹丹
　　　　汤美微　唐　雅　周　融　靖骐亦　关会娟
　　　　张　瑾　彭肖肖　惠欣欣　张一凡　陈　香
　　　　孙程程

本 书 作 者

许宪春 清华大学中国经济社会数据研究中心主任，清华大学经济管理学院教授

白重恩 清华大学经济管理学院院长、教授

刘涛雄 清华大学社会科学学院党委书记、教授

刘精明 清华大学中国经济社会数据研究中心副主任，清华大学社会科学学院教授

郑正喜 上海财经大学统计与管理学院讲师，清华大学中国经济社会数据研究中心骨干研究人员

张钟文 清华大学中国经济社会数据研究中心助理研究员

任　雪 重庆工商大学数学与统计学院讲师，清华大学中国经济社会数据研究中心骨干研究人员

胡亚茹 上海财经大学统计与管理学院博士后，清华大学中国经济社会数据研究中心骨干研究人员

杨　静 中国劳动关系学院讲师，清华大学中国经济社会数据研究中心骨干研究人员

胡远宁 清华大学经济管理学院博士后，清华大学中国经济社会数据研究中心骨干研究人员

张美慧　清华大学经济管理学院博士后，清华大学中国经济社会数据研究中心骨干研究人员

雷泽坤　清华大学经济管理学院博士后，清华大学中国经济社会数据研究中心骨干研究人员

朱　莉　西南财经大学统计学院讲师，清华大学中国经济社会数据研究中心骨干研究人员

王　洋　清华大学经济管理学院博士后，清华大学中国经济社会数据研究中心骨干研究人员

郁　霞　西南财经大学统计学院博士研究生，清华大学中国经济社会数据研究中心骨干研究人员

刘婉琪　西南财经大学统计学院博士研究生，清华大学中国经济社会数据研究中心骨干研究人员

彭　慧　上海财经大学统计与管理学院博士研究生，清华大学中国经济社会数据研究中心骨干研究人员

陈丹丹　西南财经大学统计学院副教授，清华大学中国经济社会数据研究中心骨干研究人员

汤美微　南京财经大学经济学院讲师，清华大学中国经济社会数据研究中心骨干研究人员

唐　雅　清华大学经济管理学院博士研究生，清华大学中国经济社会数据研究中心骨干研究人员

周　融　上海财经大学统计与管理学院博士研究生，清华大学中国经济社会数据研究中心骨干研究人员

靖骐亦　清华大学经济管理学院博士研究生，清华大学中国经济社会数据研究中心骨干研究人员

关会娟　首都经济贸易大学统计学院讲师，清华大学中国经济社会数据研究中心骨干研究人员

张　瑾　清华大学社会科学学院博士后，清华大学中国经济社会数据研究中心骨干研究人员

彭肖肖　西南财经大学统计学院博士研究生，清华大学中国经济社会数据研究中心骨干研究人员

惠欣欣　西南财经大学统计学院博士研究生，清华大学中国经济社会数据研究中心骨干研究人员

张一凡　西南财经大学统计学院博士研究生，清华大学中国经济社会数据研究中心骨干研究人员

陈　香　清华大学社会科学学院博士研究生，清华大学中国经济社会数据研究中心骨干研究人员

孙程程　福建农林大学经济与管理学院博士研究生

清华大学中国经济社会数据研究中心
管理委员会委员名单

主　任

白重恩　清华大学经济管理学院院长、教授

副主任

刘涛雄　清华大学社会科学学院党委书记、教授

钟笑寒　清华大学经济管理学院党委副书记、教授

委　员

许宪春　清华大学中国经济社会数据研究中心主任，清华大学经济管理学院教授

刘爱华　国家统计局综合司司长

赵同录　国家统计局核算司司长

苏　竣　清华大学国家治理与全球治理研究院执行副院长，清华大学智库中心主任、教授

杨永恒　清华大学文科建设处处长、教授

序
PREFACE

党的十九大报告提出，中国特色社会主义进入新时代，我国社会主要矛盾已转化为人民日益增长的美好生活需要和不平衡不充分的发展之间的矛盾。我国社会主要矛盾的变化是关系全局的历史性变化，深刻反映了我国经济社会发展的客观实际。十九大明确把"五位一体"的总体布局和"四个全面"的战略布局写进了修订后党章的总纲，提出必须按照中国特色社会主义事业"五位一体"总体布局和"四个全面"战略布局，统筹推进经济建设、政治建设、文化建设、社会建设、生态文明建设，协调推进全面建成小康社会、全面深化改革、全面依法治国、全面从严治党。

发展不平衡不充分问题已成为满足人民日益增长的美好生活需要的主要制约因素，是我国实现高质量发展亟待破解的难题，对哲学和社会科学理论和实证研究提出了重大任务。清华大学中国经济社会数据研究中心与经济管理学院、社会科学学院展开密切合作，组成了由经管学院院长白重恩教授、社科学院党委书记刘涛雄教授和我共同牵头的清华大学中国平衡发展指数编制课题组，探索和尝试对我国社会主要矛盾这一重大现实问题进行定量分析。研究团队在认真学习习近平新时代中国特色社会主义思想和十九大报告精神的基础上，从我国社会主要矛盾出发，坚持以人民美好生活需要为出发点和落脚点，认真研究指数理论和方法，构建衡量我国经济社会平衡发展状况的指数，对我国经济社会发展及存在的不平衡不充分的状况及其变动趋势进行客观评价。

在各级领导和相关职能部门大力支持下，在课题组成员的不懈努力下，清华大学中国平衡发展指数课题研究取得了较为丰硕的成果。首先，课题组分别于2019年4月、2020年11月和2021年4月清华大学校庆之际，顺利召开了三场《清华大学中国平衡发展指数报告》发布会，研究成果得到了与会专家的充分肯定，获得了媒体积极广泛的报道，清华大学中国平衡发展指数荣登学习强国平台"十三五"巡礼栏目，被中纪委国家监委网站报道引用。其次，课题组成员基于研究报告形成了一系列学术论文成果，发表于《管理世界》《统计研究》《中国工业经济》《财政研究》《金融研究》等高水平学术期刊上，撰写的政策报告受到中财办的好评。此外，基于第一期研究报告所著《清华大学中国平衡发展指数报告》一书也于2021年由清华大学出版社出版。

在前一阶段研究成果的基础上，课题组继续紧扣新时代我国社会主要矛盾，聚焦经济社会发展的重大问题，结合当前发展不平衡不充分问题的一些新情况、新变化，推动第三期中国平衡发展指数系列报告研究工作。2020年9月，课题组启动了新一轮的清华大学中国平衡发展指数编制工作。全体课题组成员在数据搜集、指数测算和数据分析方面展开了细致认真的讨论研究，并撰写了研究报告初稿；后经多轮次的内部讨论和专家研讨会，课题组根据评审专家的意见和建议对研究报告进行了反复修改和完善。与过去相比，本期报告有以下几点变化：一是指标体系的更新和调整，主要包括经济、社会、生态、民生各领域中部分指标的替换和新增，引入大数据手段测度空气质量指标，较好地解决了指标的科学性和时效性问题；二是聚焦2019年我国经济社会发展的新情况和新变化，分析中国平衡发展存在的主要成绩与突出问题；三是站在"两个一百年"历史交汇点上看全面建成小康社会的辉煌成就及新征程展望；四是立足于我国发展新理念、新格局和新阶段，开展包含数字经济、区域协调等热点问题的专题研究。本报告已经于2021年4月底在"清华大学中国平衡发展指数发布会"上顺利发布，得到了与会专家的充分肯定。此后，我又组织课题组成员，结合发布会上专家的建议，专门针对新时代中国经济社会发展的重大问题进行了讨论、补充和修订，最终形成了《清华大学中国平衡发展指数报告（2021）》一书。

本书主要包括三个部分，共六章内容。第一部分为先导理论篇，包括第一章"前言",在深入学习和理解党的十九届五中全会会议精神和《中华人民共和国国民经济和社会发展第十四个五年规划和 2035 年远景目标纲要》的基础上,总体概括了研究背景和研究意义;第二章"中国平衡发展指数理论方法",重点阐述了中国平衡发展指数的目标定位、编制思路、指标体系、计算流程与方法。第二部分以"全面建成小康社会、开启全面建设社会主义现代化国家新征程"为主题,分析中国平衡发展现状,包括:第三章"中国平衡发展指数最新测算结果",从平衡发展总体趋势与主要特征、分领域平衡发展的趋势与特征、地区和城乡发展平衡状况、主要成绩、主要问题和政策建议六个方面,对 2019 年中国平衡发展新情况、新变化进行概述;第四章"全面建成小康社会的辉煌成就及新征程展望",基于中国平衡发展指数,重点对党的十八大以来我国全面建成小康社会期间经济发展、社会治理、文化建设、脱贫攻坚、人民生活和生态环境等核心内容进行统计监测与分析,深入剖析全面建设社会主义现代化国家面临的问题与挑战,并提出了相应的政策建议。第三部分以"深入贯彻新发展理念,促进区域协调发展,大力发展数字经济"为主题开展专题研究,包括第五章"新发展理念视域下地区人类发展水平研究"和第六章"中国数字经济规模测算及作用研究"。

本课题研究得到清华大学党委副书记向波涛的高度重视,得到清华大学文科建设处、智库中心、实验室设备处、科研院机构办和国家统计局综合司、核算司、能源司、住户办、研究所等有关职能部门及相关专家的大力支持,在此表示由衷的感谢。在课题研究过程中,来自国家统计局、中国社会科学院、北京大学、中国人民大学、浙江大学、中央财经大学等机构和院校的专家学者对报告的编写提出了重要的指导性和建设性意见。在《清华大学中国平衡发展指数报告(2021)》发布会上,浙江大学文科资深教授李实、中国社会科学院金融研究所所长张晓晶、国家统计局中国经济景气监测中心副主任吕庆喆、北京大学国家发展研究院教授沈艳、中国人民大学统计学院院长王晓军、中央财经大学经济学院院长陈斌开等专家学者对报告进行了精彩点评,并提出了宝贵建议。光明日报、新华社经济参考报、中国青年报、中国教育报、中国信息报、中国社会科学网、央广网中国之声、中国新闻社等近 20 家媒体进行了积极报道。

本书的出版，得到清华大学国家治理与全球治理研究院的大力支持。在此一并表示真诚感谢。

感谢广大读者对本系列报告的支持，希望本书对于判断中国平衡发展状况及其变化趋势起到一定的参考作用。由于编写水平所限，书中可能存在诸多不足之处，真诚欢迎各界读者批评指正。

许宪春

2022 年 1 月 28 日

摘要
ABSTRACT

人民日益增长的美好生活需要和不平衡不充分的发展之间的矛盾是中国特色社会主义进入新时代面临的主要矛盾。面对新冠疫情持续扩散、世界经济深度衰退等多重冲击，在以习近平同志为核心的党中央坚强领导下，全国各族人民顽强拼搏、不断创新、砥砺前行，改革开放和社会主义现代化建设取得新的重大进展，脱贫攻坚战取得全面胜利，决胜全面建成小康社会取得决定性成就，疫情防控取得重大战略成果。与此同时，国际形势中不稳定、不确定因素增多，世界经济形势复杂严峻，我国同样面临着诸多困难和挑战。经济基础尚不牢固，社会治理还有弱项，生态环保任重道远，民生领域存在短板，发展不平衡不充分问题仍然突出。

在此背景下，《清华大学中国平衡发展指数报告（2021）》紧扣新时代我国社会主要矛盾，在研究团队前期开发的中国平衡发展指标体系理论方法的基础上，从经济、社会、生态和民生四个领域出发，充分考虑了现阶段发展不平衡不充分问题的一些新情况、新变化，对我国平衡发展状况进行新一轮统计刻画和监测分析。同时，本报告还结合我国全面建成小康社会、数字经济快速发展、地区人类发展水平测度等议题，深入挖掘我国平衡发展所取得的成就，揭示平衡发展中的问题与不足，为我国开启全面建设社会主义现代化国家新征程提供决策参考。

本报告第一部分为先导理论篇，介绍了中国平衡发展指数的总体编制思路。在深刻理解和把握人民美好生活需要和发展不平衡不充分的具体内涵基础上，研究团队从经济、社会、生态和民生四大领域构建了平衡发展指数的指标体系框架，采用理论研究和实地调研相结合的方式选取了一些具有代表性的指标来刻画各领域、各方面的发展状况，在考察发展充分性的同时兼顾平衡性问题，选择从地区和城乡发展差距角度测度发展不平衡的程度，进而构造平衡调整系数对发展水平进行调整，最终实现中国平衡发展指数的编制与测算。

报告的第二部分首先根据中国平衡发展指数的最新（2019年）测算结果，从总指数和领域指数的总体表现、地区和城乡不平衡的发展变化、各领域各方面的成绩和问题等角度对我国平衡发展状况进行了具体分析。

2019年，中国平衡发展指数为53.86，较2018年提高了1.49，经济、社会、生态和民生领域平衡发展均取得了较好成绩：经济平衡发展指数由上一年度的51.73上升至53.46；社会平衡发展指数由53.00上升至54.71；生态平衡发展指数由52.41上升至52.84；民生平衡发展指数由52.34上升至54.43。从各领域对平衡发展指数改进的贡献来看，民生领域贡献最为明显，对平衡发展指数改进的贡献率达35.16%，主要原因在于收入、教育平衡发展趋势较好。地区发展不平衡程度与上年基本持平，城乡发展不平衡程度较上年有所改善。

从测算结果来看，近年来我国平衡发展趋势向好，平衡发展取得的突出成绩主要体现在五大方面：创新驱动作用凸显，数字经济成为经济增长的"新引擎"；基础设施建设成绩显著，互联互通水平不断提高；脱贫攻坚取得全面胜利，农村贫困人口全部脱贫；居民收入水平稳步提升，城乡收入比持续下降；高中教育普及率持续提高，教育经费投入力度显著增强。但有些领域尚存不足，主要表现为：劳动年龄人口持续下降，老龄化程度加剧；社会组织发育不健全、管理体制相对滞后，基层社会治理参与度仍有待提升；PM2.5未达标率地区差异明显，臭氧污染问题日益凸显；房价收入比超出国际公认合理区间，居民购房负担仍较重。

鉴于2020年是全面建成小康社会的收官之年，国内经济发展实际情况备受瞩目，本部分充分利用中国平衡发展指标体系数据和指数测算结果，结合我国全面建成小康社会这一时代议题展开经济社会发展的综合统计监测与分析。分析表明：现阶段我国经济发展持续向好；民主法制建设不断加强；文化软实力日益凸显；脱贫攻坚取得全面胜利；人民生活水平显著提高；生态环境明显改善。我国经济实力、科技实力、综合国力跃上新的大台阶，全面建成小康社会目标已如期实现，为开启全面建设社会主义现代化国家新征程奠定了坚实基础。

本报告的第三部分以"深入贯彻新发展理念，促进区域协调发展，大力发展数字经济"为主题，开展了基于新发展理念视域的地区人类发展水平测度与分析的扩展研究，同时在充分认识数字经济发展作用前提下，开展中国数字经济规模测算和国际比较分析，并对如何进一步发挥数字经济对我国经济社会发展的作用提出了政策建议。

首先，本部分从新发展理念出发，将"创新、协调、绿色、开放、共享"五大发展理念融入人类发展指数，构建了一个包含"寿命、教育、收入、新发展理念"四个核心维度的指标体系，扩展了中国地区人类发展指数的内涵和定义。随后利用全国和省际数据测度了全国及31个省区市（不包括港、澳、台）1990—2017年的人类发展水平，对其时空演变和空间关联特征进行分析，并利用空间自回归模型探究地区人类发展指数的主要影响因素。结果表明：①中国人类发展指数在空间上具有显著的区域集聚效应，中西部地区与东部沿海地区的人类发展差距显著。西部的青海、新疆、甘肃、西藏、云南和贵州地区存在显著的"低—低"聚集现象，京津地区和上海、浙江、江苏长三角地区存在显著的"高—高"聚集现象。②中国人类发展指数在相邻省份之间相互影响，存在明显的外溢效应，即邻省指数提高1%可使得本省的指数平均提高0.1650%。③城镇化率、每万人拥有卫生专业技术人员和人均GDP为中国人类发展指数的主要正向驱动因素，能源消耗强度为负向驱动因素。

其次，当前数字经济已成为促进经济高质量发展的新引擎，测度具有国际可比较性的数字经济增加值，对准确观测我国数字经济发展水平及其与世界其他国家的发展差异、促进我国数字经济高质量发展具有重要意义。本报告研究发现，2019年中国数字经济增加值63 807.09亿元，占国内生产总值的6.47%。从增速上看，2008—2019年，中国数字经济增加值年均实际增长率达13.41%，明显高于同期国内生产总值年均实际增长率，数字经济推动经济增长的作用明显。相较于美国和澳大利亚，我国数字经济表现出较强的增长活力。

为了解决好发展不平衡不充分的问题，更好地满足人民美好生活的需要，课题组结合平衡发展指数测算和专题研究提出以下政策建议：一是加快人力资本积累，积极应对人口老龄化；二是加强培育社会组织，助力社会组织参与社会协同治理；三是控制臭氧污染前体物排放，加强监测与协同治理；四是促进房地产市场健康发展，增加保障性住房供给。从人类发展角度来看，一是发挥集群内部的扩散效应和对周边省份的辐射效应，实现区域内部和周边省份的协调联动发展；二是加强区域经济合作，促进国内大循环；三是缩小城乡差距，促进人口合理流动；四是大力推动教育和医疗卫生事业高质量发展。在数字经济发展方面，主要是厘清政府和市场的关系、处理好需求与供给的关系、注重区域协调和城乡融合发展。

目 录
CONTENTS

第一部分 先导理论篇

第一章 前言 ... 3
一、研究背景 ... 3
二、研究意义 ... 4

第二章 中国平衡发展指数理论方法 ... 5
一、目标定位 ... 7
二、编制思路 ... 7
三、指标体系 ... 12
四、计算流程与方法 ... 14

第二部分 全面建成小康社会，开启全面建设社会主义现代化国家新征程

第三章 中国平衡发展指数最新测算结果 ... 19
一、平衡发展总体趋势和主要特征 ... 19
二、分领域平衡发展的趋势与特征 ... 21
三、地区和城乡发展平衡状况 ... 27
四、平衡发展主要成绩 ... 29
五、平衡发展主要问题 ... 36
六、政策建议 ... 42

第四章　全面建成小康社会的辉煌成就及新征程展望 ………… 45
　　一、引言 ………… 45
　　二、全面建成小康社会的理论沿革 ………… 46
　　三、全面建成小康社会统计监测的理论方法 ………… 48
　　四、全面建成小康社会的辉煌成就 ………… 51
　　五、全面建设社会主义现代化国家面临的挑战 ………… 57
　　六、开启全面建设社会主义现代化国家新征程的政策建议 ………… 63

第三部分　深入贯彻新发展理念，促进区域协调发展，大力发展数字经济

第五章　新发展理念视域下地区人类发展水平研究 ………… 69
　　一、引言 ………… 69
　　二、CHDI 指标体系构建与合成 ………… 70
　　三、CHDI 的时空演变及空间关联特征 ………… 73
　　四、CHDI 的影响因素分析 ………… 77
　　五、结论与政策启示 ………… 80

第六章　中国数字经济规模测算及作用研究 ………… 83
　　一、数字经济在扩内需方面的作用 ………… 84
　　二、中国数字经济规模测算及与国际比较 ………… 87
　　三、对策建议 ………… 102

附录 ………… 105

　　附录 A　指标标准化方法选择说明 ………… 105

　　附录 B　关于指标体系更新的情况说明 ………… 108

　　附录 C　三级指标标准化参数设定 ………… 109

　　附录 D　地区不平衡测度的权重信息 ………… 112

附录 E　不同权重方案下的平衡发展指数结果比较 …………………… 113

附录 F　统计指标解释与数据来源 …………………………………… 115

附录 G　平衡发展指数的计算方法 …………………………………… 122

附录 H　2012—2019 年平衡发展指数测算结果 ……………………… 128

图表目录
CONTENTS

表 2-1　发展不平衡的类型及其测度方式 …………………………… 10
图 2-1　平衡发展指数的研究框架 …………………………………… 11
图 2-2　平衡发展指数的设计思路 …………………………………… 12
表 2-2　平衡发展指数指标体系 ……………………………………… 13
图 2-3　平衡发展指数的计算流程 …………………………………… 15
图 3-1　2012—2019年总体平衡发展指数、发展指数及发展损失 … 20
图 3-2　中国总体及各领域平衡发展指数趋势 ……………………… 20
表 3-1　2013—2019年平衡发展指数改进分解 ……………………… 21
图 3-3　2013—2019年四大领域平衡发展的贡献率 ………………… 21
图 3-4　经济领域平衡发展指数、发展指数及发展损失 …………… 22
图 3-5　经济领域平衡发展指数趋势 ………………………………… 22
图 3-6　社会领域平衡发展指数、发展指数及发展损失 …………… 23
图 3-7　社会领域平衡发展指数趋势 ………………………………… 24
图 3-8　生态领域平衡发展指数、发展指数及发展损失 …………… 24
图 3-9　生态领域平衡发展指数趋势 ………………………………… 25
图 3-10　民生领域平衡发展指数、发展指数及发展损失 …………… 26
图 3-11　民生领域平衡发展指数趋势 ………………………………… 26
图 3-12　中国总体及各领域的地区不平衡程度趋势 ………………… 27
图 3-13　地区发展不平衡程度较高的部分指标趋势 ………………… 28
图 3-14　中国总体及六方面城乡发展不平衡程度 …………………… 28
图 3-15　2012—2019年我国数字经济增加值占GDP比重 ………… 30
图 3-16　基础设施平衡发展指数、发展指数及发展损失 …………… 31
图 3-17　我国各省份铁路密度 ………………………………………… 32

图 3-18	全国贫困发生率趋势	32
图 3-19	居民人均可支配收入平衡发展指数综合分析	33
图 3-20	我国高中毛入学率及生均公共财政预算公用经费支出变动情况	34
图 3-21	我国各省份高中及以下阶段生均公共财政预算公用经费支出	35
图 3-22	教育平衡发展指数、发展指数及发展损失	35
图 3-23	人力资本平衡发展指数、发展指数及发展损失	36
图 3-24	劳动年龄人口占比平衡发展指数、发展指数及发展损失	37
图 3-25	每十万人社会组织数量平衡发展指数、发展指数及发展损失	38
图 3-26	各区域每十万人社会组织数量	38
图 3-27	空气质量平衡发展指数、发展指数及发展损失	40
图 3-28	各省份细颗粒物浓度（PM2.5）未达标率	40
图 3-29	各省份臭氧8小时滑动平均浓度（75%分位数）	41
图 3-30	我国部分省份商品房平均销售价格	41
图 3-31	房价收入比平衡发展指数、发展指数及发展损失	42
图 4-1	数字经济增加值占GDP比重平衡发展指数	52
图 4-2	每十万人社会组织数量平衡发展指数和每十万人拥有律师数平衡发展指数	53
图 4-3	社会文明平衡发展指数	54
图 4-4	全国贫困发生率平衡发展指数	54
图 4-5	居民人均可支配收入平衡发展指数和居民人均消费支出平衡发展指数	55
图 4-6	空气质量平衡发展指数和水质量平衡发展指数	56
表 5-1	中国人类发展指数（CHDI）指标体系	72
表 5-2	全国及31个省份CHDI值和排名	73
图 5-1	中国CHDI全局Moran's I变化趋势（1990—2017年）	76
表 5-3	中国CHDI空间自相关检验结果	78
表 5-4	中国31个省份1990—2017年CHDI面板数据模型回归结果	78
表 6-1	数字化赋权基础设施对应的统计用产品与产业分类	94
表 6-2	数字化媒体对应的统计用产品与产业分类	95
表 6-3	数字化交易对应的统计用产品与产业分类	96
图 6-1	中国数字经济增加值及其占GDP的比重	101
表 A-1	不同标准化方法的定性比较	107
表 C-1	三级指标极差标准化基准参数的设定结果	109
表 D-1	各指标计算地区不平衡所采用的权重信息	112

表 E-1	2012—2019 年平衡发展指数一级综合指数计算结果	113
表 E-2	不同方案下的权重结构	113
图 E-1	不同权重方案下平衡发展指数的发展趋势	114
表 H-1	2012 年平衡发展指数测算结果	128
表 H-2	2013 年平衡发展指数测算结果	130
表 H-3	2014 年平衡发展指数测算结果	133
表 H-4	2015 年平衡发展指数测算结果	135
表 H-5	2016 年平衡发展指数测算结果	138
表 H-6	2017 年平衡发展指数测算结果	140
表 H-7	2018 年平衡发展指数测算结果	143
表 H-8	2019 年平衡发展指数测算结果	145

第一部分

先导理论篇

第一章

前言

一、研究背景

2020年是全面建成小康社会的收官之年，站在"两个一百年"的历史交汇点上，我国的经济社会发展备受世界瞩目。面对新冠肺炎疫情、世界经济深度衰退的持续冲击，在以习近平同志为核心的党中央坚强领导下，全国各族人民顽强拼搏，不断创新，砥砺前行，改革开放和社会主义现代化建设取得新的重大进展，脱贫攻坚战取得全面胜利，决胜全面建成小康社会取得决定性成就，疫情防控取得重大战略成果，在全球主要经济体中唯一实现经济正增长。

与此同时，随着国际形势中不稳定、不确定因素增多，世界经济形势复杂严峻，我国同样面临着诸多困难和挑战。经济基础尚不牢固，社会治理还有弱项，生态环保任重道远，民生领域存在短板，发展不平衡不充分问题仍然突出。党的十九届五中全会提出，加快构建以国内大循环为主体、国内国际双循环相互促进的新发展格局。准确把握我国进入新发展阶段的内涵要义，必须高度重视我国社会主要矛盾的变化，深刻认识到当前发展中面临的矛盾和问题集中体现在发展质量上。中国平衡发展指数的构建立足于新时代我国社会主要矛盾，将"人民美好生活需要"同"发展不平衡不充分"联系起来，考虑了发展的平衡性、协调性和可持续性，充分体现了"内容全""人口全"和"区域全"，系统反映了全面建成小康社会取得的历史性成就以及经济社会发展中的一些矛盾与问题，对于把握我国"十四五"乃至更长阶段高质量发展与共同富裕的重点与推进方向，具有重要的参考意义。

二、研究意义

《清华大学中国平衡发展指数报告（2021）》紧扣我国社会主要矛盾，在上一轮指标体系研究框架的基础上，结合发展不平衡不充分问题的一些新情况、新变化，从经济、社会、生态和民生四个领域，对我国平衡发展进程进行统计监测，深入挖掘发展中的成绩与问题，为推动经济社会高质量发展提供决策依据。

同时，报告聚焦平衡发展的重点领域开展了深入研究，丰富和完善了中国平衡发展指数的研究体系，概括分析我国社会主要矛盾的新情况、新变化。一是，重点对全面建成小康社会期间经济发展、民主法治、文化建设、脱贫攻坚、人民生活和生态环境等核心内容进行统计监测和分析，为我国开启全面建设社会主义现代化国家新征程提供决策参考。二是，鉴于数字经济已成为促进经济高质量发展的新引擎，测度了具有国际可比较性的数字经济增加值，对准确观测我国数字经济发展水平及与世界其他国家的发展差异、促进我国数字经济高质量发展具有重要意义。三是，以新时代五大发展理念为理论依据对中国人类发展指数进行了扩展研究。首先以"创新、协调、绿色、开放、共享"五大发展理念构建新发展理念维度，融入人类发展指数，然后以"寿命、教育、收入、新发展理念"四个核心维度构建指标体系，并测度了全国及各省市中国人类发展水平，对其时空演变、空间关联特征及影响因素进行了分析。

《清华大学中国平衡发展指数报告（2021）》不仅是对我国发展不平衡不充分问题的定量分析，也是对我国社会主要矛盾新情况、新变化的动态反映，以推进经济高质量发展、促进社会全面进步、持续改善生态环境、切实增进民生福祉，不断满足人民群众对美好生活的需要。

第二章
中国平衡发展指数理论方法

新时代社会主要矛盾的转化,从满足"物质文化需要"到满足"美好生活需要",从解决"落后的社会生产"问题到解决"不平衡不充分的发展"问题,适应了我国发展的阶段性要求,体现了党中央以人为本的发展理念和与时俱进的发展观。为了做好中国平衡发展指数的编制工作,我们重点从社会主要矛盾的两个方面出发,广泛搜集和梳理国内外相关指数的研究状况,在学习、研讨和借鉴的过程中形成中国平衡发展指数的编制思路。

从人民美好生活需要的角度看,相关的指数研究主要围绕如何综合评价生活水平展开,且国内外学者常常采用"民生""福祉""幸福值""生活质量"等概念进行定量评价和分析。目前,人们已经普遍认识到 GDP 指标的局限性,逐渐淡化了以单一产出指标直接评价生活水平。不过,由于其复杂性,对于如何设计超越 GDP 的综合测度工具,不同学者的理解莫衷一是,评价的出发点也千差万别,由此产生的指数不计其数。从国际上看,联合国开发计划署编制的人类发展指数[1]、经济合作与发展组织编制的美好生活指数[2]、社会进步协会编制的社会进步指数[3]是超越 GDP 的发展测度的代表性研究;在国内,围绕总体发展或某一特定领域发展的综合评价指数同样不胜枚举,如国务院发展研究中心"中国民生指

---

[1] UNDP. Human Development Report 2016[R/OL]. https://doi.org/10.18356/6d252f18-en, 2017.
[2] OECD.How's Life? 2017:Measuring Well-being[R/OL]. https://doi.org/10.1787/how_life-2017-en,2017.
[3] Porter M E, Stern S, Green M.Social Progress Index 2017[R]. Washington,2017.

数研究"课题组编制的中国民生指数[1]、国家统计局编制的小康指数[2]、北京师范大学"中国民生发展报告"课题组编制的中国民生发展指数[3]、中国人民大学中国调查评价中心编制的中国人民大学中国发展指数[4]等。

从发展不平衡不充分的角度看,学者通常不是直接以不平衡或不充分的字眼开展研究的。较为常见的是针对收入分配、教育、医疗等领域的不平等问题的统计研究,他们一般采用基尼系数、泰尔指数、贫困指数等不平等测度方法对相关问题展开测度和分析。此外,还包括一些针对性别问题的研究,如性别不平等指数、全球性别差距报告[5]等,以及针对领域之间发展不均衡的指数,如我国经济社会协调发展的测度研究[6]等。

综合来看,相关的指数研究在测度目标和评价方式上侧重点有所不同,我们认为大致可将其分为三类:一是直接的发展水平测度,比如人类发展指数、中国民生指数等;二是不平等程度测度,比如侧重反映收入分配领域分配不平等程度的贫困指数、基尼系数、泰尔系数等,又如性别不平等指数、全球性别差距报告和美好生活指数框架下的不平等测度等;三是考虑不平衡因素的发展水平测度,可见的研究成果包括但不限于联合国开发计划署在人类发展指数基础上建立的经不平等调整的人类发展指数。

需要指出的是,国内测度发展水平的众多指数一定程度上可以看作是对发展充分性的衡量,但很少能够兼顾对平衡性的衡量,不足以反映社会主要矛盾及其变化。而少数几个国际指数尽管在编制过程中考虑了发展不平衡(或不平等)因素,但其评价体系的设计往往倾向于针对西方发达国家,不适用于反映我国现阶段实际情况。这意味着,现有的指数或是没有考虑发展不平衡问题,或是即便考虑了

---

[1] 张玉台,吴晓灵,韩俊,等. 我国民生发展状况及民生主要诉求研究——"中国民生指数研究"综合报告 [J]. 管理世界,2015(2):1-11.
[2] 潘璠,杨京英. 中国全面建设小康社会监测报告 [M]. 北京:社会科学文献出版社,2011.
[3] 唐任伍. 中国民生发展指数总体设计框架 [J]. 改革,2011(9):5-11.
[4] 袁卫,彭非. 中国发展指数的编制研究 [J]. 中国人民大学学报,2007(2):1-12.
[5] World Economic Forum.The Global Gender Gap Report 2017[R/OL]. http://www3.weforum.org/docs/WEF_GGGR_2017.pdf.
[6] 范柏乃,张维维,贺建军. 我国经济社会协调发展的内涵及其测度研究 [J]. 统计研究,2013,30(7):3-8.

但不具有适用性。鉴于此，中国平衡发展指数以习近平新时代中国特色社会主义思想和党的十九大精神为指导，以人民美好生活需要为出发点和落脚点，在深入学习和理解社会主要矛盾科学内涵的基础上，建立平衡发展指标体系，制定科学的指数编制方法，进而监测和反映我国平衡发展状况与进程。

一、目标定位

中国平衡发展指数以习近平新时代中国特色社会主义思想和党的十九大精神为指导，以人民美好生活需要为出发点和落脚点，从我国社会主要矛盾出发，建立平衡发展指标体系，制定科学的指数编制方法，对发展的不平衡不充分程度进行评价，对平衡发展的进程进行监测，反映我国平衡发展成就，揭示平衡发展中的不足，为制定宏观政策提供依据，推动经济发展、促进社会进步、改善生态环境、提升民生福祉，更好地满足人民美好生活需要。

二、编制思路

正确认识和准确把握十九大提出的社会主要矛盾两个方面的科学内涵，是奠定平衡发展指数理论基础的必要工作。课题组结合实地调研和专家论证会建议，深刻认识我国社会主要矛盾转化的现实背景和实践基础，充分理解人民美好生活需要和发展不平衡不充分的具体内涵，建立指标体系并研究设计指数编制方案。

（一）人民美好生活需要的内涵

随着社会生产力显著提高和我国综合国力的不断增强，人民美好生活需要的内涵逐渐多元化，过去的社会主要矛盾表述已经不能准确反映我国发展现状。中国特色社会主义进入新时代，人们对美好生活的向往不再局限于物质文化需要，而是已经突破个体或家庭微观层面的福利概念，形成了更为广泛的社会综合发展观。通过对习近平新时代中国特色社会主义思想和十九大报告的深入学习，并经过实地调研和专家论证会，本课题对新时代我国基本国情进行认真分析，将人民美好生活需要的内涵总结归纳为以下四个方面，作为一级指标：

1. 经济

经济持续健康发展是提高人民生活水平的先决条件，是丰富人们物质和精神生活的基本保障。十九大报告指出，我国经济已由高速增长阶段转向高质量发展阶段，正处在转变发展方式、优化经济结构、转换增长动力的攻关期，建设现代化经济体系是跨越关口的迫切要求和我国发展的战略目标。必须坚持质量第一、效益优先，以供给侧结构性改革为主线，推动经济发展质量变革、效率变革、动力变革，提高全要素生产率。因此，经济发展应包括经济结构的优化、经济质量和效益的提高、对外开放新格局的打造和经济发展潜力的提升等内容。综上所述，本研究确定经济领域平衡发展指数构建以经济效益、经济结构、创新驱动、基础设施和人力资本等五个方面为二级指标。

2. 社会

社会进步是人民美好生活需要和提升人民获得感的重要部分。十九大报告提出要建成法治国家、法治政府和法治社会，要不断促进社会公平正义，形成有效的社会治理、良好的社会秩序，加强社区治理体系建设，实施健康中国战略。社会公平作为社会稳定发展的基础，是人类追求美好生活的一个永恒主题。没有高度的文化自信及文化的繁荣兴盛，就没有中华民族伟大复兴，社会文明作为我国文化发展的远景目标，是我国文化建设的灵魂。建设社会主义文化强国，需激发全民族文化创新活力，提高人民思想觉悟、道德水准及文明素养，从而提高全社会文明程度。深入依法治国、打造安全安定的社会环境，也是全面建成小康社会、实现中华民族伟大复兴中国梦的迫切需要。十九大报告在加强和创新社会治理领域，提出要建立共建共治共享的社会治理格局。十九大报告强调加强社会保障体系建设，明确提出按照兜底线、织密网、建机制的要求，全面建成覆盖全民、城乡统筹、权责清晰、保障适度、可持续的多层次社会保障体系。综上所述，本研究确定社会领域平衡发展指数构建以社会文明、社会公平、社会安全、社会治理与社会保障等五个方面为二级指标。

3. 生态

把生态文明建设融合贯穿到经济、政治、文化、社会建设的各方面和全过程是实现经济社会平衡发展，满足人民美好生活需要的重要保障。十九大报告明确指出，建设现代化是人与自然和谐共生的现代化，既要创造更多物质财富和精神财富以满足人民日益增长的美好生活需要，也要提供更多优质生态产品以满足人民日益增长的优美生态环境需要。长期以来，我国经济保持高速增长，经济实力显著提高、人民生活水平明显上升，但与此同时伴随的高消耗、高排放与高污染导致了我国资源约束趋紧、环境污染严重、生态系统退化等现象，生态环境不平衡、不协调、不可持续的问题日益突出，良好的生态环境成为人民美好生活的迫切需求。监测生态环境的平衡发展，不仅需关注大气、水和土壤等方面的环境质量问题，固废气液等环境污染物的监管与治理，还需关注环境风险和生态系统等方面。综上所述，本研究确定生态领域平衡发展指数构建以空气质量、水质量、土壤质量、环境治理与生态保护等五个方面为二级指标。

4. 民生

发展的根本目的是更好地保障和改善民生。我国社会主要矛盾的转化，要求更好地贯彻以人民为中心的发展思想。民生工作离老百姓最近，同老百姓生活最密切，与人民美好生活的需要联系最直接的就是民生发展。只有坚持在发展中保障和改善民生，解决好群众最关心、最直接、最现实的利益问题，不断促进社会公平正义，使人民更有获得感、幸福感、安全感，才能更好地满足人民对美好生活的需要。随着人民生活水平不断提高，人民群众的需要呈现多样化、多层次、多方面的特点，民生发展面临的宏观环境和内在条件都在发生变化，过去有饭吃、有学上、有房住是基本需求，现在人民群众有收入稳步提升、优质医疗服务、教育公平、住房改善等更多层次的需求。习近平总书记指出，与人民群众生活最密切相关的问题包括就业、教育、住房等方面，民生发展要从人民群众最关心、最直接、最现实的利益问题入手，统筹做好教育、收入分配、就业、医疗卫生、住房等方面的工作。综上所述，本研究确定民生领域平衡发展指数构建以收入、就业、居住、教育与医疗健康等五个方面为二级指标。

综合而言，人民美好生活需要的满足要以经济发展为前提，以社会进步和生态环境为保障，最终落脚于更好地保障和改善民生福祉。因此，为了充分反映现阶段我国人民美好生活需要的内涵，我们基于经济、社会、生态和民生四大领域构建平衡发展指数的基本框架。

（二）发展不平衡不充分的内涵及其衡量方式

平衡发展指数，是在人民美好生活需要的内涵框架下对发展不平衡不充分程度的定量刻画。这首先需要充分理解发展不平衡不充分的内涵，并分别确定合适的衡量方法。根据十九大报告，课题组深入提炼了发展不充分和发展不平衡的内涵，并设计了相应的测度方法。

十九大报告指出，我国经济社会发展已经取得了巨大成就，但与发达国家相比，与实现人民美好生活需要相比，还是相对落后的，即发展不充分。发展不充分是一种相对状态，主要体现为发展质量和效益还不高，创新能力不够强，资源利用效率有待提升，社会事业有待充分发展，生态环境有待充分改善，民生短板有待弥补。发展不充分是指各领域当前发展水平，相对于较充分状态如发达国家和地区的发展水平存在发展不足，发展的任务仍然很重。衡量发展不充分的程度归根到底是衡量经济、社会、生态、民生等领域发展的相对程度，可以通过标准化处理的方式来测度发展不充分。

十九大报告指出，现阶段我国发展不平衡主要表现为区域发展不平衡和城乡发展不平衡。其中，区域发展不平衡主要是指地区发展和收入分配差距依然较大，东、中、西、东北各个区域不平衡，发达地区与欠发达地区不平衡；城乡发展不平衡主要是指城乡居民在收入、就业、养老、医疗、教育、基础设施等领域存在较大差距，城乡二元结构问题依然严重。因此，发展不平衡是经济社会发展过程中所产生的一些系统性结构问题，主要表现为区域（地区）和城乡发展水平高低不齐，存在较为突出的不平等、不均衡的现象。从地区与城乡两个角度对各个领域发展的不平衡程度展开综合性测度是衡量发展不平衡的重要突破口。二者具体的测度方式如表2-1所示。

表2-1 发展不平衡的类型及其测度方式

发展不平衡类型	测度方式
地区发展不平衡	基于我国省际数据，采用基尼系数方法计算领域发展的区域不平衡程度，进而换算为地区平衡调整系数①
城乡发展不平衡	基于我国城乡数据，采用基尼系数方法计算领域发展的城乡不平衡程度，进而换算为城乡平衡调整系数

---

① 平衡调整系数的计算方法及其调整方式详见附录G。

（三）设计框架

从平衡发展指数的编制目标出发，课题组在社会主要矛盾内涵的基础上，充分结合实地调研和专家论证会的意见，将人民美好生活需要与发展不平衡不充分的衡量视角相融合，从而确立平衡发展指数的研究框架。一是从理论角度出发，综合考虑了与人民美好生活需要相关的重点领域和现实特征，对经济、社会、生态和民生四个维度进行分解和细化，形成相应的二级指标体系，具体研究框架如图 2-1 所示；二是针对每个二级指标，侧重理论与实践相结合，考察发展不平衡不充分的主要表现形式，选择各领域重要且具有代表性的三级指标。一方面，该指标需在理论上是相应二级指标的发展程度的一种重要量度；另一方面，该指标应是该方面所有相关指标中最具有代表性且是发展不平衡不充分的恰当量度指标之一。需要特别说明的是，在进行不平衡测度时，课题组结合宏观统计数据的可获得性和清华大学相关学科的研究成果，进一步确定重点反映发展不平衡的主要指标。

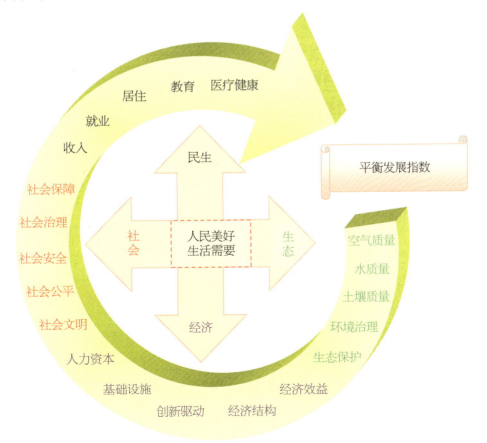

图 2-1　平衡发展指数的研究框架

综上所述，形成平衡发展指数的设计思路，如图 2-2 所示。首先通过选取代表性指标刻画各领域、各方面的发展水平和程度，考察发展的充分性问题；其次，结合现实问题深入分析各重点领域的地区和城乡不平衡，通过不平衡测度构造调整系数对发展水平进行调整。

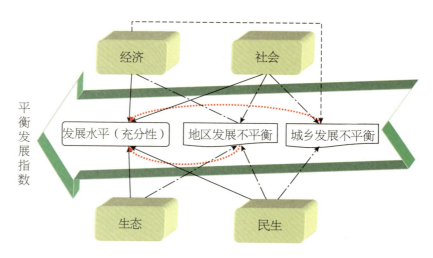

图 2-2　平衡发展指数的设计思路

三、指标体系

在平衡发展指数开发之初，我们确定了一个包含 4 个一级指标、20 个二级指标和 49 个三级指标的指标体系。过去两轮指数编制的经验表明，这套指标体系是反映我国社会主要矛盾的有力工具，为监测和分析我国平衡发展的主要成绩和问题提供了重要数据。然而，随着我国经济社会的不断发展，我国社会主要矛盾的基本性质没有改变，但发展不平衡不充分的深层次问题发生了深刻变化。一些矛盾比较尖锐的问题得到了缓和，一些领域发展不平衡不充分问题的表现形式发生了转化，也有一些新的社会问题逐渐凸显。面对这些新情况、新变化，平衡发展指数的指标体系需要适时更新，这样才能与时俱进地刻画和反映我国社会主要矛盾的发展变化。

因此，在本轮指数编制过程中，我们总体上沿用了原指标体系的研究框架，着重对三级指标进行了更新和调整（指标体系更新细节详见附录 B）。更新后的指标体系如表 2-2 所示。其中，经济领域主要考察与经济持续健康发展相关的影响因素，从经济效益、经济结构、创新驱动、基础设施、人力资本共五个方面分别衡量，设置了 13 个三级指标；社会领域主要考察新时代促进社会进步的相关影响因素，从社会文明、社会公平、社会安全、社会治理和社会保障共五个方面分别衡量，设置了 12 个三级指标；生态领域主要考察加快生态文明建设的相关影响因素，从空气质量、水质量、土壤质量、环境治理与生态保护共五个方面分别衡量，设置了 11 个三级指标；民生领域主要考察保障和改善民生福祉的影响因素，从收入、就业、居住、教育和医疗健康共五个方面分别衡量，设置了 15 个三级指标。

表 2-2 平衡发展指数指标体系

一级指标	二级指标	序号	三级指标		不平衡类型	
			指标名称	指标方向	地区	城乡
经济	经济效益	1	人均 GDP	正向	●	
		2	能源产出率	正向	●	
		3	资本产出率	正向	●	
	经济结构	4	居民消费率	正向		
		5	服务贸易占对外贸易比重	正向		
	创新驱动	6	数字经济增加值占比	正向		
		7	R&D 经费投入强度	正向	●	
		8	万人发明专利拥有量	正向	●	
	基础设施	9	互联网普及率	正向	●	●
		10	铁路密度	正向	●	
		11	城市交通承载力	正向	●	
	人力资本	12	劳动年龄人口占比	正向	●	
		13	劳动年龄人口平均受教育年限	正向	●	
社会	社会文明	14	人均接受图书馆服务次数	正向	●	
		15	人均文化事业费	正向	●	
	社会公平	16	居民人均收入基尼系数	逆向		
		17	劳动就业中的性别差异	逆向		
	社会安全	18	亿元 GDP 生产安全事故死亡人数	逆向	●	
		19	刑事犯罪率	逆向		
	社会治理	20	每十万人社会组织数量	正向	●	
		21	每十万人拥有律师数	正向	●	
	社会保障	22	养老金替代率	正向	●	●
		23	养老保险覆盖率	正向	●	
		24	医疗自付比	逆向	●	
		25	贫困发生率[1]	逆向		

续表

一级指标	二级指标	三级指标 序号	三级指标 指标名称	指标方向	不平衡类型 地区	不平衡类型 城乡
生态	空气质量	26	空气质量指数优良率	正向	●	
生态	空气质量	27	细颗粒物浓度（PM2.5）未达标率	逆向	●	
生态	空气质量	28	臭氧浓度	逆向	●	
生态	水质量	29	地表水劣于V类水体比例	逆向	●	
生态	水质量	30	河流水质状况Ⅲ类以上占比	正向		
生态	土壤质量	31	单位耕地面积化肥施用量	逆向	●	
生态	土壤质量	32	单位耕地面积农药使用量	逆向		
生态	环境治理	33	一般工业固体废物综合利用率	正向	●	
生态	环境治理	34	城市日均污水处理能力	正向	●	
生态	生态保护	35	生态质量优良县域面积占国土面积比重	正向		
生态	生态保护	36	造林面积[2]	正向		
民生	收入	37	居民人均可支配收入	正向	●	●
民生	收入	38	居民人均消费支出	正向	●	●
民生	就业	39	求人倍率	正向		
民生	就业	40	调查失业率	逆向		
民生	就业	41	就业参与率	正向	●	
民生	居住	42	城镇人均住房建筑面积	正向	●	
民生	居住	43	房价收入比	逆向	●	
民生	居住	44	农村居住便利设施普及率	正向	●	
民生	教育	45	高中毛入学率	正向		
民生	教育	46	高中及以下阶段生师比	逆向	●	
民生	教育	47	高中及以下阶段生均公共财政预算公用经费支出	正向	●	
民生	医疗健康	48	婴儿死亡率	逆向		●
民生	医疗健康	49	每千人口卫生技术人员数	正向	●	●
民生	医疗健康	50	出生时预期寿命	正向		
民生	医疗健康	51	每千老年人口养老床位数	正向	●	

注：1. 由于我国已于2020年年底顺利完成脱贫攻坚任务，贫困发生率指标继续用于2019年度的指数测算，但将退出下一轮指数测算。

2. 由于目前我国碳排放数据的可得性不足，此处仍采用造林面积计算。

●：存在该类型不平衡。

四、计算流程与方法

平衡发展指数的计算按照"数据预处理→三级指标标准化（发展指数）与不平衡调整系数的计算→三级平衡发展指数→二级指数→一级指数→总指数"的流

程展开，其计算流程如图 2-3 所示。具体的计算过程与说明详见附录 G。

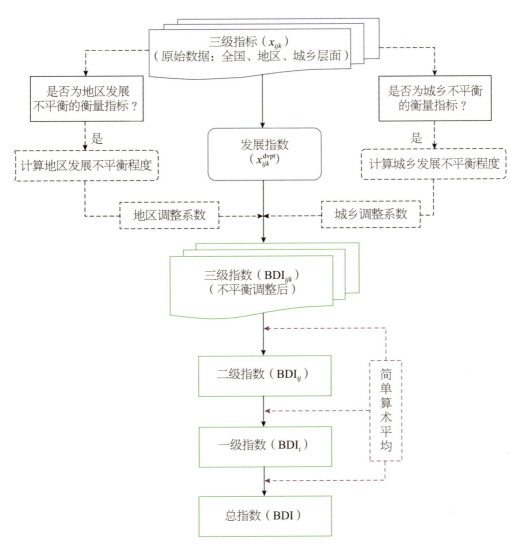

图 2-3　平衡发展指数的计算流程

第二部分

全面建成小康社会，开启全面建设社会主义现代化国家新征程

第三章
中国平衡发展指数最新测算结果

一、平衡发展总体趋势和主要特征

面对世界经济增长低迷、国际经贸摩擦加剧、国内经济下行压力加大等诸多困难挑战，在以习近平同志为核心的党中央的坚强领导下，我国经济社会发展持续向好，三大攻坚战取得关键进展，为全面建成小康社会打下了决定性基础。纵观经济、社会、生态和民生四大领域：经济运行总体平稳，改革开放迈出新步伐；社会保持和谐稳定，平安中国建设深入推进；生态文明建设取得新进展，污染防治落实到位；民生进一步得到改善，人民群众获得感、幸福感、安全感不断增强。

2019年我国经济社会持续较快发展，总体发展指数、平衡发展指数均稳步上升。其中，发展指数为63.86，较2018年上升1.72；平衡发展指数为53.86，较2018年提高了1.49；由不平衡导致的发展损失[①]为15.7%，与2018年基本持平（见图3-1）。具体而言，我国经济、社会、生态和民生领域平衡发展均取得了较好成绩。2018—2019年，经济平衡发展指数由51.73上升至53.46；社会平衡发展指数由53.00上升至54.71；生态平衡发展指数由52.41上升至52.84；民生平衡发展指数由52.34上升至54.43（见图3-2）[②]。

---

① 发展损失的概念源于阿特金森指数（Atkinson's index），本报告主要参考了人类发展指数（human development index，HDI）的做法。其计算方法详见附录G。
② 历年平衡发展指数结果见附录H（表H-1至表H-8）。

图 3-1　2012—2019 年总体平衡发展指数、发展指数及发展损失

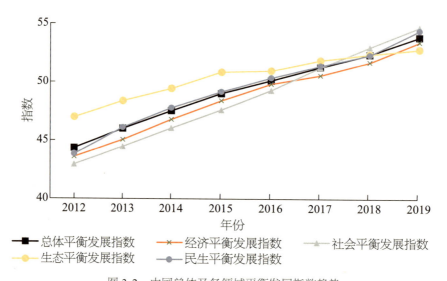

图 3-2　中国总体及各领域平衡发展指数趋势

从各领域对平衡发展指数改进的贡献来看（见表 3-1、图 3-3），民生领域贡献最为明显。2019 年民生领域平衡发展指数上升 2.09，贡献率达到 35.16%；往下依次是经济领域和社会领域，平衡发展指数分别上升 1.73 和 1.71，贡献率分别为 28.98% 和 28.70%。可见，经济、社会、民生领域平衡发展态势良好，对我国总体平衡发展起到了重要的推动作用。

第三章 中国平衡发展指数最新测算结果

表 3-1　2013—2019 年平衡发展指数改进分解

年份 项目	2013	2014	2015	2016	2017	2018	2019
平衡发展指数变动	1.66 （100%）	1.52 （100%）	1.49 （100%）	1.11 （100%）	1.16 （100%）	1.08 （100%）	1.49 （100%）
经济领域改进	1.47 （22.05%）	1.74 （28.62%）	1.61 （26.96%）	1.43 （32.36%）	0.74 （15.95%）	1.13 （26.31%）	1.73 （28.99%）
社会领域改进	1.52 （22.79%）	1.60 （26.31%）	1.55 （26.06%）	1.69 （38.08%）	1.97 （42.35%）	1.74 （40.32%）	1.71 （28.70%）
生态领域改进	1.39 （20.94%）	1.06 （17.46%）	1.41 （23.75%）	0.12 （2.71%）	0.90 （19.33%）	0.51 （11.85%）	0.43 （7.15%）
民生领域改进	2.28 （34.22%）	1.68 （27.61%）	1.38 （23.23%）	1.19 （26.85%）	1.04 （22.37%）	0.93 （21.52%）	2.09 （35.16%）

注：由于四个领域是等权重的，因此平衡发展指数变动等于四个领域改进的简单算术平均。括号内为贡献率。

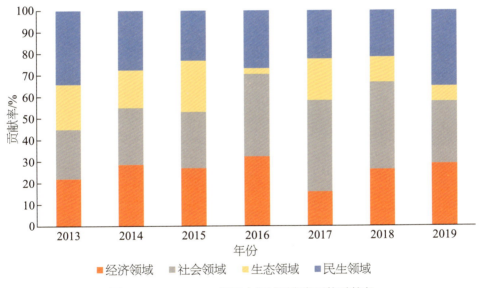

图 3-3　2013—2019 年四大领域平衡发展的贡献率

注：领域贡献率 =1/4× 某领域改进 / 平衡发展指数变动。

二、分领域平衡发展的趋势与特征

（一）经济发展

2019 年，经济平衡发展指数为 53.46，较 2018 年上升 1.73；经济发展指数为 62.23，较 2018 年上升 2.16；在发展损失方面，2012—2019 年经济领域发展损失维持在 12%～14%，具体从 2012 年的 12.2% 上升至 2019 年的 14.1%，呈缓慢上升趋势（见图 3-4）。这表明，2019 年经济领域整体发展水平有所提升，但与此同时发展的不平衡程度也在逐渐扩大。

图 3-4 经济领域平衡发展指数、发展指数及发展损失

具体来看，2018—2019 年经济领域内部平衡发展指数的发展趋势存在一定差异（见图 3-5）。其中，得益于 5G、大数据、人工智能、物联网等新型基础设施建设和 R&D 经费投资的加大投入，基础设施和创新驱动快速增长，基础设施平衡发展指数从 2018 年的 42.67 上升至 2019 年的 46.71，创新驱动平衡发展指数

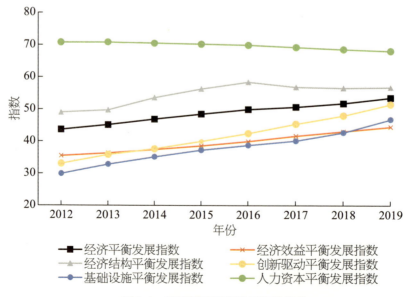

图 3-5 经济领域平衡发展指数趋势

从 2018 年的 47.90 上升至 2019 年的 51.42。经济效益稳步上升，其平衡发展指数从 2018 年的 42.98 上升至 2019 年的 44.39；2019 年经济结构平衡发展指数为 56.72，与 2018 年基本持平。由于人口老龄化程度加深，我国劳动年龄人口占比持续降低，人力资本平衡发展指数稳中趋降，其平衡发展指数从 2018 年的 68.54 微降至 2019 年的 68.04。

（二）社会进步

2019 年，社会平衡发展指数为 54.71，较 2018 年的 53.00 增长了 1.71；社会发展指数为 63.11，较 2018 年的 60.79 增长了 2.32。从发展损失上看，在 2018 年发展损失略微下降之后，2019 年的发展损失有所反弹，从上年度的 12.8% 上升至 13.3%（见图 3-6）。这表明，2019 年社会领域基本保持平稳增长，但发展的不平衡程度略有提高。

图 3-6 社会领域平衡发展指数、发展指数及发展损失

从社会领域内部看，各二级平衡发展指数持续向好（见图 3-7）。具体而言，2019 年社会文明平衡发展指数从 2018 年的 30.44 提升至 34.18，较 2012 年增加了 18.07，尽管社会文明领域发展水平整体较低，但发展空间和动力相对较足，我国社会文明领域正在不断向更高发展水平追赶。另一个出现显著增长的领域是社会治理，社会治理平衡发展指数较 2018 年增加了 2.17，但其领域内部的地区发展不平衡问题仍较为突出，这也是造成社会领域整体发展损失上升的原因之一。此外，社会保障、社会公平、社会安全领域指标也都保持了较为稳健的发展趋势，平衡

发展指数分别比 2018 年增加了 1.38、1.11、0.15。

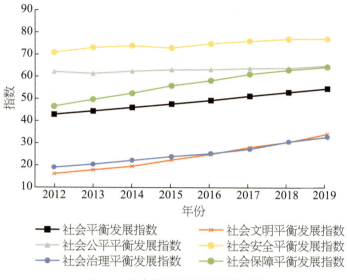

图 3-7　社会领域平衡发展指数趋势

（三）生态环境

2019 年生态领域平衡发展指数为 52.84，较 2018 年上升 0.43，发展指数为 68.15，较 2018 年也有所提升（见图 3-8）。然而，生态领域的发展损失依旧处于较高水平，反映出领域内发展的不平衡程度仍然较高。尽管 2019 年的发展损失相对 2018 年略微下降，但这种下降趋势并不明显。

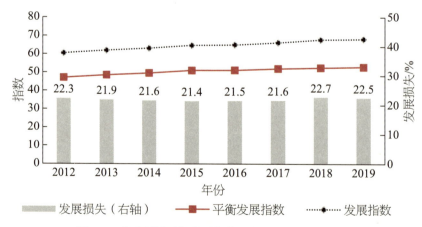

图 3-8　生态领域平衡发展指数、发展指数及发展损失

具体来看，2018—2019年生态领域下的二级平衡发展指数变化各异（见图3-9）。其中，空气质量平衡发展指数增长势头比较明显，较2018年上升1.47；水质量平衡发展指数和生态保护平衡发展指数稳中有进，较2018年分别上升0.76和0.45；土壤质量平衡发展指数略有上升，较2018年增加了0.05；而环境治理平衡发展指数稍有下降，从2018年的35.20降至2019年的34.60。

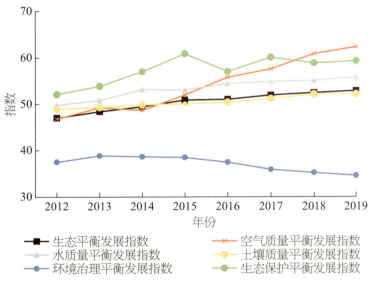

图3-9　生态领域平衡发展指数趋势

（四）民生福祉

2019年民生发展指数和平衡发展指数均实现了较大幅度增长。其中，民生发展指数为61.96，较上年上升2.06；民生平衡发展指数为54.43，较上年上升2.09。从发展损失角度看，民生领域也表现出平稳下降的趋势，2019年发展损失为12.2%，较上年下降0.4个百分点（见图3-10）。可见，随着我国全面建成小康社会，党中央提出的"六稳"工作和"六保"任务取得了切实成效，我国民生福祉取得长足发展，不平衡程度也得到有效缓解。

图 3-10 民生领域平衡发展指数、发展指数及发展损失

从民生领域内部来看，大部分二级平衡发展指数呈上升发展态势（见图3-11）。其中收入领域增长幅度最大，2019年收入平衡发展指数为36.68，较上年上升3.23，表明我国居民收入水平明显提高，人民生活得到有力保障；其次为教育领域，2019年教育平衡发展指数为62.13，较上年上升3.16；医疗健康平衡发展指数和居住平衡发展指数也取得了较好的表现，较上年分别上升2.39和1.83。但也有局部领域存在下降趋势，2019年就业平衡发展指数为46.08，较上年下降0.14，呈略微下降趋势。事实上，近年来我国就业领域总体平稳趋好，但结构性矛盾较为突出，特别是高技能工人较为短缺，造成就业平衡发展指数的下降趋势。

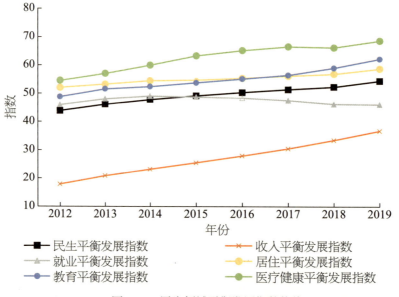

图 3-11 民生领域平衡发展指数趋势

三、地区和城乡发展平衡状况

图 3-12 显示，近年来中国平衡发展指数的发展损失仍处于较高区间，说明我国地区与城乡发展不平衡的问题仍然较为突出。

（一）地区发展平衡程度与特征

根据我们的测算结果（见图 3-12），2019 年我国地区发展的总体不平衡程度为 0.22，其中，生态领域最高，社会领域、经济领域次之，民生领域最低，依次为 0.35、0.21、0.20、0.11。从短期发展趋势上看，2019 年我国地区发展总体不平衡程度与上年基本持平，其中，民生领域不平衡程度呈现小幅下降趋势，较上年下降 0.01，经济、社会与生态领域较上年基本持平。从中长期发展趋势上看，经济和民生领域发展的不平衡程度稳中有降，其中，经济领域下降 0.01，民生领域下降 0.02。社会领域基本持平，生态领域发展不平衡程度上升 0.02。

图 3-12 中国总体及各领域的地区不平衡程度趋势

目前，我国地区发展依然处于高度不平衡状态，特别是生态领域和社会领域的不平衡程度相对较高。如图 3-13 所示，2019 年我国地区发展不平衡程度高于 0.35 的指标主要分布在生态领域和经济领域。其中，2019 年地区发展不平衡程度排名前四的指标依次为地表水劣于 V 类水体比例、万人发明专利拥有量、细颗粒物浓度（PM2.5）未达标率与单位耕地面积农药使用量，不平衡程度分别为 0.66、0.51、0.39、0.36。这表明，我国各地区在经济和生态领域的发展水平差距较为悬殊。因此，当前我国应进一步健全区域统筹发展战略，促进市场一体化发展，加强区域合作互助，更好地促进发达地区和欠发达地区、东中西部和东北地区经济协调和协同发展，合理布局生态环境的区域发展格局。

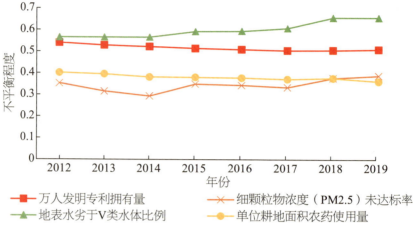

图 3-13　地区发展不平衡程度较高的部分指标趋势

（二）城乡发展平衡程度与特征

如图 3-14 所示，2019 年总体城乡发展不平衡程度为 0.20，较 2018 年下降 0.02。具体而言，本研究重点关注我国社会经济发展中城乡差异较明显的六个方面。从横向比较上看，2019 年养老金替代率的城乡不平衡程度最高，为 0.32；而其他领域的城乡发展不平衡程度均下降至 0.20 以内，特别是互联网普及率的城乡发展不平衡程度最低，为 0.11。

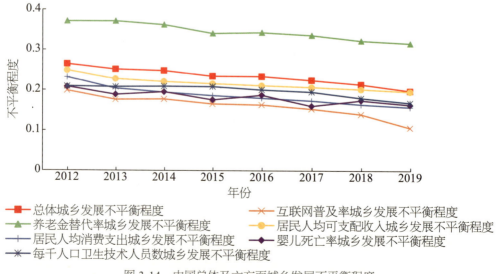

图 3-14　中国总体及六方面城乡发展不平衡程度

近年来,我国坚持统筹城乡区域发展,有力实施乡村振兴战略,扎实推进新型城镇化,逐步形成良性互动格局。从2018—2019年的短期发展趋势来看,我国城乡发展不平衡问题总体略有改善。其中,2019年养老金替代率、居民人均可支配收入和居民人均消费支出的城乡发展不平衡程度与2018年基本持平,婴儿死亡率和每千人口卫生技术人员数有小幅下降,互联网普及率的城乡发展不平衡程度下降幅度较大,从2018年的0.14下降到2019年的0.11。从2012—2019年中长期发展趋势来看,各领域的城乡发展不平衡程度基本呈下降趋势,各领域的城乡发展不平衡问题均明显改善。其中,互联网普及率城乡发展不平衡程度下降幅度最大,下降0.09;居民人均消费支出次之,下降0.07;婴儿死亡率和每千人口卫生技术人员数下降幅度居于末位,下降0.04。总体而言,近年来我国城乡发展的协调性持续增强,但现阶段我国城乡发展的不平衡问题仍然存在。《"十四五"规划纲要》指出,要建立健全城乡要素平等交换、双向流动政策体系,促进要素更多向乡村流动,增强农业、农村发展活力。国家应在各领域建立健全城乡一体化发展的体制机制和政策体系,以实现城乡在政策上的平等、产业发展上的互补、国民待遇上的一致,使整个城乡经济社会全面、协调、可持续发展。

四、平衡发展主要成绩

(一)创新驱动作用明显,数字经济成为经济增长"新引擎"

创新是引领高质量发展的动力源泉,创新驱动是建设现代化经济体系的重要战略支撑。2019年我国万人发明专利拥有量为13.76件,比2012年提升了10.27个百分点,比2018年提升了1.85个百分点。2019年我国R&D经费投入强度为2.23%,"十三五"期间R&D经费投入强度提升了0.17个百分点,2019年比上年提高0.09个百分点,再创历史新高。同时,以信息技术创新为核心的数字经济蓬勃发展,成为经济高质量发展的新动能,对经济增长作用明显。数字经济增加值从2012年的23 966.79亿元上升至2019年的63 807.09亿元,年均实际增长率为14.8%,数字经济增加值占GDP比重从2012年的4.45%上升至2019年的6.47%(见图3-15),明显高于同期GDP实际增长率。

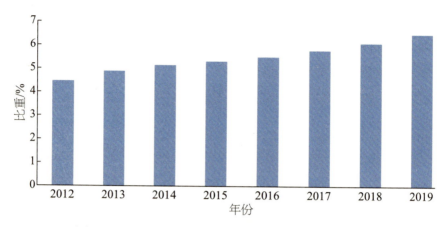

图 3-15　2012—2019 年我国数字经济增加值占 GDP 比重

从趋势上看，2012—2019 年创新驱动平衡发展指数和发展指数均呈快速上升趋势，发展损失呈缓慢上升趋势。平衡发展指数从 2012 年的 33 上升至 2019 年的 51.42，上升了 18.42；发展指数从 2012 年的 41.83 上升至 2019 年的 69.27，上升了 27.44；发展损失维持在 21.11%～25.76% 的高度不平衡状态。现阶段我国创新能力呈现明显的区域发展特征，东、中、西部的创新能力差距几近固化，南北差距呈阶段性扩大态势，而以北京、上海、广州等中心城市为核心的大都市圈正在形成多个区域创新增长极，创新要素集聚成为带动区域经济快速发展的重要引擎[①]。

（二）基础设施建设成绩显著，互联互通水平不断提高

基础设施作为高质量发展的基础和必备条件，在促进信息技术和交通的互联互通、劳动力的产业间转移，引领产业数字化转型、产业结构升级，助推区域经济的协调发展以及缩小区域间数字鸿沟等方面发挥着基础性支撑作用。改革开放特别是党的十八大以来，我国交通、水利、能源、信息等领域基础设施建设成效突出，适度超前、统筹衔接的一体化现代基础设施网络初步建成，有力支撑了经济社会发展。

从发展趋势来看，得益于"十二五"规划等相关政策的出台和贯彻落实，近十

---

① 《中国区域创新能力评价报告 2020》，https://baijiahao.baidu.com/s?id=1683571169628434190&wfr=spider&for=pc。

年来我国基础设施建设成绩显著。2012—2019年基础设施平衡发展指数和发展指数整体上均呈快速上升趋势，发展损失则呈逐年下降趋势（见图3-16）。2019年基础设施平衡发展指数为46.71，相较2012年提高了17.26；发展指数从2012年的41.17上升至2019年的60.85；2019年的发展损失为23.2%，较2012年下降5.3个百分点。

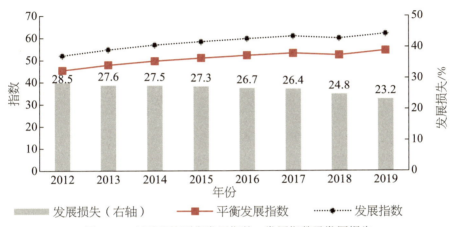

图3-16　基础设施平衡发展指数、发展指数及发展损失

从相对趋势来看，2019年基础设施平衡发展指数相较2018年提高了4.04，2019年发展指数相较2018年提高了4.13，平衡发展指数和发展指数增幅均高于之前年份；2019年发展损失相较2018年下降1.6个百分点，发展损失持续大幅降低。可见，依托我国的政治和制度优势以及"十三五"规划等相关政策的落实实施，经过近年来的大规模投资，现阶段我国基础设施发展成效显著，呈现平稳增长态势，区域发展差异正逐渐缩小。

党的十九届五中全会公报明确指出，要"统筹推进基础设施建设，加快建设交通强国"。交通强国的基本特征之一，就是以交通基础设施互联互通为主要标志的交通一体化。加强交通等基础设施建设，可以有效增进地区间人力资本的流动和经贸合作，进而充分发挥区域集聚和中心城市的带动效应，有效促进区域协调发展。测算结果显示，我国铁路密度地区不平衡系数由2012年的0.296下降至2019年的0.254，下降了0.041，区域间铁路发展不平衡程度有所下降。从地区交通基础设施发展来看（见图3-17），2012—2019年中、西部地区铁路密度快速上升，甘肃、贵州、江西、广西、重庆的铁路密度增长超过 60%，东、中、西部地区相对差距逐渐缩小，有利于区域经济协调发展。

图 3-17　我国各省份铁路密度

（三）脱贫攻坚取得全面胜利，农村贫困人口全部脱贫

十八大以来，党中央始终把脱贫攻坚摆在治国理政的突出位置，把脱贫攻坚作为全面建成小康社会的底线任务，组织开展了声势浩大的脱贫攻坚战。2020 年我国脱贫攻坚战取得了全面胜利，现行标准下 9899 万农村贫困人口全部脱贫，832 个贫困县全部摘帽，12.8 万个贫困村全部出列，区域性整体贫困得到解决，如期完成了消除绝对贫困的艰巨任务（见图 3-18）。贫困问题从中华人民共和国成立时起就困扰着我国人民，反贫困是古今中外治国安邦的核心大事，全面脱贫攻坚战的胜利是我党创造的彪炳史册的人间奇迹。

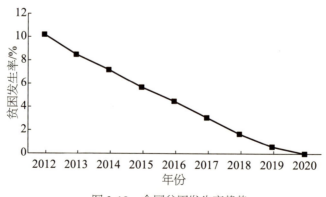

图 3-18　全国贫困发生率趋势

从区域层面上看，东部地区率先脱贫，中、西部地区农村贫困人口在2020年前最终实现全面脱贫。在针对贫困地区、集中连片特困地区、民族八省区等区域性脱贫难点问题攻坚治理上，党中央提出了精准扶贫理念，充分发挥社会主义制度的优越性，创新扶贫工作机制。2015年，党中央扶贫开发工作会议跟进提出实现脱贫攻坚目标的总体要求，实行扶持对象、项目安排、资金使用、措施到户、因村派人、脱贫成效"六个精准"，实行发展生产、易地搬迁、生态补偿、发展教育、社会保障兜底"五个一批"，是我国脱贫攻坚战取得全面胜利的根本保障。

（四）居民收入水平稳步提升，城乡收入比持续下降

当前，我国正处于以国内大循环为主体、国内国际双循环相互促进的新发展格局下，居民收入实现增收是打通国内大循环的前提和关键。据测算，2019年全国人均可支配收入平衡发展指数为34.58，较上年上升3.09（见图3-19），较2012年上升17.40。与此同时，随着居民收入水平的提高，地区、城乡收入差距逐渐缩小，平衡程度持续向好，发展损失从2018年33.1%下降到2019年的32.5%。从绝对数上看，2019年居民人均可支配收入为30 732.85元，较上年增长8.9%。分城乡看，居民收入稳步上升，2019年农村居民人均可支配收入16 020.7元，较上年增长9.6%；城镇居民人均可支配收入42 358.8元，较上年增长7.9%。农村居民人均可支配收入涨幅连续10年快于城镇，城乡居民收入比由2012年的3.1降至2019年的2.64。分地区看，2019年，东部地区居民人均可支配收入39 425.4元，较上年增长8.7%，西部地区居民人均可支配收入23 935.3元，较上年增长9.4%。西部地区居民人均可支配收入增速快于东部，东西部地区居民人均可支配收入相对差距明显缩小。

图3-19 居民人均可支配收入平衡发展指数综合分析

（五）高中教育普及率持续提高，教育经费投入力度显著增强

党的十八大以来，以习近平总书记为核心的党中央高度重视教育工作，始终把教育摆在优先发展的战略地位，开启了加快教育现代化、建设教育强国的历史新征程。在党中央、国务院高度重视下，我国高中阶段教育普及率持续提高，生均公共财政预算公用经费支出投入力度显著增强，教育平衡发展程度稳步提升，教育地区发展不平衡问题逐年好转，高中及义务教育体系建设日趋完善。

普及高中阶段教育是党中央、国务院立足全面建成小康社会决胜阶段做出的重大战略决策，也是我国继普及九年义务教育之后进一步提升国民整体素质、劳动力竞争能力，建设人力资源强国的重大举措，意义重大，影响深远。党的十八大以来，国家出台高中阶段教育普及攻坚计划，计划要求到2020年各省份地区高中毛入学率达到90%以上。教育部相关统计数据显示，"十三五"以来全国高中毛入学率一直呈现较好的增长趋势，2019年高中毛入学率已达到89.5%，相较于2012年的85%，提高4.5个百分点。到2020年年底，全国高中阶段教育毛入学率已经达到91.2%，各省份高中阶段教育毛入学率也均达到90%，高中阶段教育普及攻坚计划圆满实现。

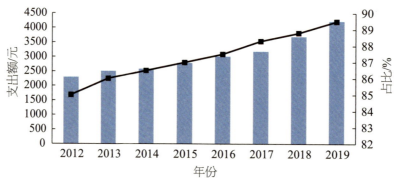

图 3-20 我国高中毛入学率及生均公共财政预算公用经费支出变动情况

高中及以下阶段生均公共财政预算公用经费支出是衡量教育资源和经费投入相关指标体系中的重要指标之一，也是对近年教育领域平衡发展指数的突出成绩贡献最大的指标。从全国统计数据来看，我国生均公共财政预算公用经费支出逐年增长，2019年的生均支出为4235.9元，近乎达到2012年生均支出的两倍，剔

除价格变动因素后的支出实际值为3666.1元,增幅高达60%(见图3-20)。省份层面,各省份的高中及以下阶段生均公共财政预算公用经费支出同样呈现逐年上升的趋势,北京和上海两地处于领先地位,2019年生均公共财政预算公用经费支出分别达到17 311.8元和11 205.6元(见图3-21),但其他省份的增长率较高,特别是中西部省份,教育经费投入地区间差距正在逐渐缩小。

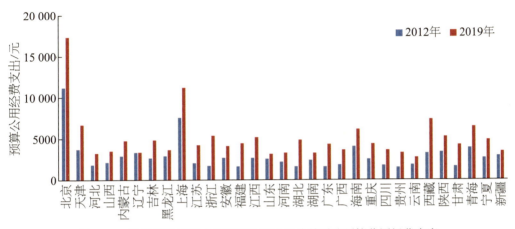

图3-21 我国各省份高中及以下阶段生均公共财政预算公用经费支出

从教育领域整体上看,2019年教育的平衡发展指数和发展指数分别为62.13和66.20,较2018年分别提高了3.16和3.34(见图3-22),增长幅度相对较高。这在一定程度上反映出我国教育事业发展的卓越成就,也体现了教育发展对实现全面建成小康社会目标的重要贡献。根据分指标测算,2012年以来我国各地生均公共财政预算公用经费支出呈快速增长趋势,对教育平衡发展指数增长的贡献最为显著。在地区平衡程度方面,教育的地区不平衡程度从2012年的0.12下降到

图3-22 教育平衡发展指数、发展指数及发展损失

2019 年的 0.10，表明我国教育发展的地区不平衡问题有所好转，其中高中及以下阶段生均公共财政预算公用经费支出不平衡问题的改善幅度最大。

五、平衡发展主要问题

（一）劳动年龄人口持续下降，老龄化程度加深

2012—2019 年，人力资本平衡发展指数稳中趋降，从 2012 年的 70.78 下降至 2019 年的 68.04（如图 3-23 所示），下降了 2.74。人力资本发展损失波动变化基本维持在 3%～3.5% 的水平。

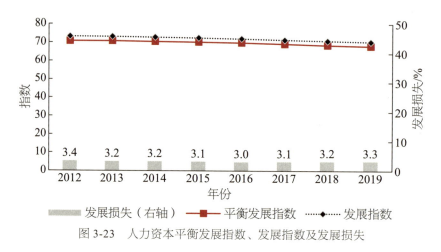

图 3-23　人力资本平衡发展指数、发展指数及发展损失

人力资本平衡发展指数的下降主要是因为受三级指标劳动年龄人口占比的牵引，2012—2019 年，劳动年龄人口平衡发展指数持续下降，从 2012 年的 83.06 下降至 2019 年的 74.51（如图 3-24 所示），下降了 8.55。2019 年末，全国 15～64 岁人口为 98 910 万人，占总人口的 70.65%。与 2012 年末相比，劳动年龄人口减少 1493 万人，比重下降 3.5 个百分点；老年人口比重持续上升，其中 65 岁及以上人口增加 4889 万人，比重上升 3.18 个百分点，人口老龄化程度继续加深。当前，我国人口发展处于重大转折期，随着年龄结构的变化，自 2014 年起，我国劳动年龄人口的数量和比重连续六年出现"双降"，六年间减少了 1559 万人。受劳动年龄人口持续减少的影响，劳动力供给总量下降，2018 年全国就业人员总量首次出现下降，下降 54 万人，2019 年持续下降且降幅增加为 115 万人。

同时，老年人口比重的上升加重了劳动年龄人口负担，老年人口抚养比①从2012年的12.7%上升至2019年的17.8%，这给经济发展和社会保障带来挑战。

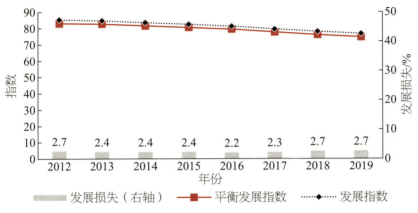

图3-24　劳动年龄人口占比平衡发展指数、发展指数及发展损失

（二）区域组织发育不健全，区域发展不平衡

社会组织是中国特色社会主义现代化建设的重要力量，也是国家治理体系和治理能力现代化的重要组成部分。党的十九大报告明确指出，推动社会治理重心向基层下移，发挥社会组织作用，实现政府治理和社会调节、居民自治良性互动。《"十四五"规划纲要》也指出，要发挥群团组织和社会组织在社会治理中的作用，畅通和规范市场主体、新社会阶层、社会工作者和志愿者等参与社会治理的途径，全面激发基层社会治理活力。随着中国特色社会主义进入新时代，以及全面建成小康社会取得决定性进展，社会组织迎来了良好的发展态势，在弥补政府决策不足、参与解决部分社会公共事务、协助政府基层治理、协同解决社会矛盾等方面发挥了重要作用。

2012—2019年，我国每十万人社会组织数量的平衡发展指数和发展指数呈持续上升趋势，但整体发展水平还有待进一步提升。2019年每十万人社会组织数量的平衡发展指数为45.31，较2018年增加了2.24；发展指数为55.10，较2018年

---

① 老年人口抚养比也称老年人口抚养系数，是指老年人口数与劳动年龄人口数之比，通常用百分比表示，用以表明每100名劳动年龄人口要负担多少名老年人。老年人口抚养比是从经济角度反映人口老化社会后果的指标之一。

增加了 2.84。受治理传统及制度特点的影响，我国的社会组织发展起步晚、速度慢，社会组织自身也成长不足。每十万人社会组织数量的发展损失一直处于较高位置，虽然从 2016 年开始呈现一定的下降趋势，但 2019 年较 2018 年又有小幅升高。

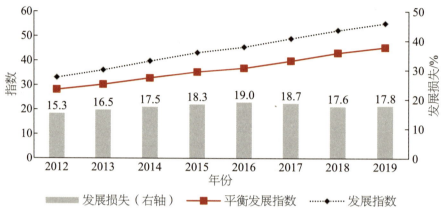

图 3-25　每十万人社会组织数量平衡发展指数、发展指数及发展损失

从区域层面来看，我国东中西部的每十万人社会组织数量存在较大差异，东部地区明显高于中部地区和西部地区（见图 3-26）。2019 年，东部地区的每十万人社会组织数量为 77 个，较 2018 年增加 6 个；而中部地区和西部地区的每十万人社会组织数量仅为 49 个和 58 个，较 2018 年分别增加 3 个和 1 个。地区不平衡

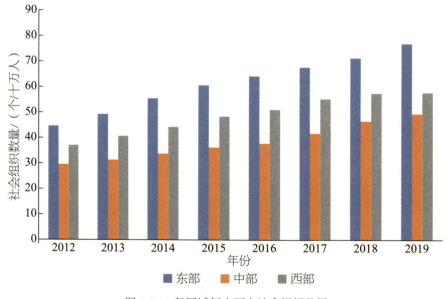

图 3-26　各区域每十万人社会组织数量

系数也由2012年的0.15上升至2019年的0.18，可见我国地区间社会组织发展仍有较大差距，且差距正逐渐扩大。我国社会组织发展尚且不足，在参与社会治理、承担社会服务方面有待进一步提升。如何突破社会组织发展的瓶颈，释放社会组织活力，促进社会组织自我提升和更有效地参与基层社会治理，成为新时代背景下需要深入研究的重要议题。

（三）PM2.5未达标率地区差异明显，臭氧污染问题日益突出

推进生态文明建设，是关系我国经济社会可持续发展、关系人民福祉和中华民族未来的全局性、战略性、根本性问题。党的十八大指出，在生态文明建设路径方面，要形成"绿色"思维，为人民提供清新的空气、优美的环境，为人类健康和福祉提供基本条件。随着蓝天保卫战持续推进，近年来我国细颗粒物（PM2.5）治理成效明显，全国空气质量持续改善，但与此同时，臭氧（O_3）逐渐成为影响我国空气质量的重要污染物，亟须引起重视。《"十四五"规划纲要》中也明确要求，要加强城市大气质量达标管理，推进PM2.5和O_3协同控制。

从空气质量的整体表现来看，近年来全国空气质量明显改善（见图3-27）[1]。分析其原因发现，2019年全国层面空气质量指数优良率为66.12%，较上年提高3.14个百分点；细颗粒物浓度（PM2.5）未达标率为11.28%，较上年下降1.97个百分点；一年中臭氧浓度8小时滑动均值的75%分位数为83μg/m³，较上年略微下降，逐渐逼近我国环境质量标准中一类区的日最大8小时平均浓度限值。特别地，生态环境部数据显示，我国污染物超标天数中以O_3为首要污染物的天数增多，2019年337[2]个地级及以上城市以O_3为首要污染物的超标天数占超标总天数的41.7%[3]，较上年上升1.1个百分点。可见，伴随着我国空气质量相关指标的整体性改善，臭氧浓度居高不下的问题日益凸显，臭氧已成为影响我国空气质量的重要污染物。

---

[1] 2019年平衡发展指数使用新指标体系，空气质量部分新增臭氧年平均浓度指标。由于缺少2014年之前的臭氧年平均浓度数据，为保证可比性，空气质量部分的分析选取2014—2019年的情况。
[2] 因莱芜市并入济南市，故2019年城市数量由338个变为337个。
[3] 数据来源：中华人民共和国生态环境部《2019中国生态环境状况公报》。

图 3-27 空气质量平衡发展指数、发展指数及发展损失

从地区层面看，相对 2014 年，2019 年全国 31 个地区细颗粒物浓度（PM2.5）未达标率均明显下降，但地区间仍存在明显差异。如图 3-28 所示，2019 年全国有 14 个地区细颗粒物浓度（PM2.5）未达标率低于 10%，有 6 个地区高于 20%。

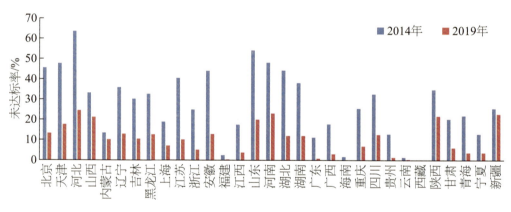

图 3-28 各省份细颗粒物浓度（PM2.5）未达标率

与 2014 年相比，2019 年多数地区臭氧浓度升高，且呈现明显的区域性污染特征。如图 3-29 所示，全国共有 22 个省份的臭氧 8 小时滑动平均浓度的 75% 分位数提高了，其中安徽、河南、宁夏、甘肃和海南等省份臭氧浓度增加较为突出，局部地区的浓度值已经超出一级浓度限值（$100\mu g/m^3$）。另据课题组测算，从臭氧 8 小时滑动均值的 90% 分位数看，我国 31 个省份中已有 50% 以上地区的浓度值超过了一级浓度限值。2019 年臭氧年平均浓度较高的主要分布在苏皖鲁豫交界地区、京津冀及周边地区、长三角、汾渭平原等重点区域，呈明显的区域性特征。

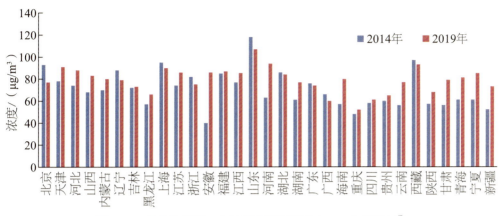

图 3-29　各省份臭氧 8 小时滑动平均浓度（75% 分位数）[①]

（四）房价收入比较高，居民购房负担较重

房地产市场对国民经济健康发展具有重要意义，房价一直是民生领域最受关注的问题之一。从房地产市场上看，我国 2019 年商品房平均销售价格为 9310 元/m²，较 2018 年增长 6.69%。其中，商品房平均销售价格较高的地区是北京、上海和海南，分别为 35 905 元/m²、30 667 元/m²、15 383 元/m²（见图 3-30），上述地区 2019 年商品房平均销售价格增长率分别为 5.16%、14.08%、5.76%；商品房平均销售价格较低的地区是贵州、甘肃和宁夏，分别为 5980 元/m²、5977 元/m²、5685 元/m²，商品房平均销售价格增长率分别为 6.08%、3.40% 和 12.72%。商品房平均销售价格地区差异较为明显。

图 3-30　我国部分省份商品房平均销售价格

---

① 由于我国空气质量发布主要以城市为单位，此处各省份浓度采用省会城市的数据。

如图 3-31 所示，2019 年我国房价收入比[①]为 8.74，较 2018 年增长 7.77%。其中，北京、海南和上海的房价收入比较高。如居民为购买住房透支自身的消费能力，会对居民消费产生明显的"挤出效应"，将对全面促进消费、拓展投资区间、增进民生福祉的宏观调控目标产生不利影响。

图 3-31　房价收入比平衡发展指数、发展指数及发展损失

六、政策建议

在全面建成小康社会的基础上，乘势而上开启全面建设社会主义现代化国家新征程，需要牢牢聚焦解决发展不平衡不充分问题。本研究从清华大学平衡发展指数的角度剖析了发展中仍然需要解决的问题，并提出了相应对策建议。

（一）加快人力资本积累，积极应对人口老龄化

为积极应对劳动年龄人口持续下降、人口老龄化带来的社会负担加重问题，应从鼓励优质增量的形成、提升现有存量的质量、挖掘过去存量的潜力着手，多措并举加快人力资本积累。一是要推动实现适度生育水平，推动生育政策与经济社会政策配套衔接，减轻家庭生育、养育、教育负担，充分保障育龄妇女在就业创业、事业发展等方面的权利，加大生育支持和保障力度，提高适龄人口的生育意愿；二是要改善劳动力有效供给，加快完善国民教育体系，着力培养具有国际

---

① 房价收入比 = 商品房价格 × 城镇人均住房建筑面积 / 人均可支配收入。

竞争力的创新型、复合型、应用型、技能型人才和高素质劳动者，全面提升劳动力质量；三是要推进人力资源开发利用，充分调动大龄劳动者和老年人参与就业创业的积极性，推进有意愿和有能力的大龄劳动者和老年人在农村就业创业，充分发挥基层社区的作用，以社区为平台建立老年人才中心，创造老有所为的就业环境。

（二）加强培育社会组织，助力社会组织参与社会协同治理

提升社会组织参与社会协同治理的能力和水平，是构建基层社会治理新格局的重要环节。本报告研究认为，一是要加强党对社会组织的领导，坚持党建引领明确社会组织参与社会协同治理的政治方向，发挥党组织凝心聚力的作用，坚定不移地走中国特色社会主义治理道路，确保社会治理的正确方向。二是政府部门要加强社会组织参与社会治理的顶层设计，出台扶持社会组织参与社会协同治理的政策，加大资源扶持，加大政府的购买服务。三是加强人才引进，提升社会组织从业人员的薪酬结构，构建完善的从业人员保障体系，要以激励导向为引导，开展绩效考评，并且提升社会组织从业人员的学习研究能力、决策执行能力、舆情应对能力、群众工作能力，强化风险意识，提升突发事件处置水平。四是要利用大数据打通社会组织"信息孤岛"，一方面要加强对当前社会组织参与社会治理状况的摸底排查，通过大数据加强运行监督，促进社会组织的信息公开化；另一方面，通过大数据加强社会组织与政府、社会组织与社会组织之间的交流互动，同时搭建社会组织与服务对象之间的沟通平台，为政府精准制定方针策略提供信息支持。

（三）控制臭氧污染前体物排放，加强监测与协同治理

针对臭氧污染前体物的排放，一方面，要积极推进生产方式和运输方式的绿色低碳转型，把严控重污染行业产能作为调整产业结构和优化空间布局的主攻方向。通过加快促进传统行业的绿色转型和升级改造，加速化解和淘汰低效和落后产能，增加挥发性有机物（VOCs）作为约束性指标、总量控制指标，严格落实VOCs全过程综合整治的相关标准，从源头改善生态环境质量。另一方面，城市

要考虑多方因素，识别管辖区内臭氧生成的机理，追踪污染源，评估减排量，制定中长期的减排规划。

针对臭氧污染的监测、预警和协同治理，一方面，要注意污染物的协同减排，比如PM2.5和臭氧的协同控制、常规大气污染和温室气体的协同控制；另一方面，要加强部门合作和区域协同治理。打赢蓝天保卫战需要各方形成合力，有关部门和机构应在充分共享多源数据的基础上，联合开展科研和科技攻关，加强对臭氧形成机理、传输机制和演化变化等方面的研究，推动我国臭氧污染监测和预警技术实现突破；不同地区之间应加强联防联控，协同落实相关强化管控措施，切实减轻区域污染程度。

（四）促进房地产市场健康发展，缓解居民购房压力

房地产经济增长速度过低，将影响国民经济稳定增长，妨碍人民生活改善；房地产经济增长速度过高，又可能带来房价过快上涨，形成房地产泡沫，引发金融风险，破坏社会和谐稳定。因此，房地产经济应保持合理增长，保障金融、房地产同实际经济均衡发展，实现上下游、产供销有效衔接，促进农业、制造业、服务业、能源资源等产业门类协调发展，以促进民生改善，避免生产、生活、金融、社会稳定等方面的矛盾和问题。

在缓解居民购房压力方面，国家可以提高保障房的供给数量和质量，有效缓解居民购房压力，改善居住条件，租购并举、因城施策。有效增加保障性住房供给，完善土地出让收入分配机制，探索支持利用集体建设用地按照规划建设租赁住房，完善长租房政策，扩大保障性租赁住房供给。

第四章

全面建成小康社会的辉煌成就及新征程展望

一、引言

"民亦劳止，汔可小康。"全面建成小康社会，承载着中华民族孜孜以求的美好梦想。在庆祝中国共产党成立100周年大会上，习近平总书记庄严宣告："经过全党全国各族人民接续奋斗，我们实现了第一个百年奋斗目标，在中华大地上全面建成了小康社会，历史性地解决了绝对贫困问题，正在意气风发向着全面建成社会主义现代化强国的第二个百年奋斗目标迈进。"站在"两个一百年"的历史交汇点上，我国的经济社会发展备受世界瞩目。党的十八大以来，以习近平同志为核心的党中央把全面建成小康社会放在"四个全面"战略布局的首位，把脱贫攻坚作为全面建成小康社会的底线任务和标志性指标，面对错综复杂的国际形势、国内经济下行造成的压力、新冠肺炎疫情突发带来的强烈冲击，团结带领全国各族人民攻坚克难，砥砺前行，推动党和国家事业取得历史性成就、发生历史性变革。

党的十九大报告指出，"中国特色社会主义进入新时代，我国社会主要矛盾已经转化为人民日益增长的美好生活需要和不平衡不充分的发展之间的矛盾"。本研究紧扣新时代我国社会主要矛盾和全面建成小康社会的时代内涵，深入学习理解《"十三五"规划纲要》和《"十四五"规划纲要》，结合发展不平衡不充分问题的一些新情况、新变化，基于清华大学中国平衡发展指数（以下称"中国平衡发展指数"），重点对党的十八大以来我国全面建成小康社会期间经济发展、社会治理、文化建设、脱贫攻坚、人民生活和生态环境等核心内容进行统计监测与分析，综合反映了我国全面建成小康社会所取得的辉煌成就。在全面建成小康社会的基础上，乘势而上开启全面建设社会主义现代化国家新征程，需要牢牢聚焦解决发展不平衡不充分问题。站在"两个一百年"的历史交汇点上，本研究进一步结合监测结果展望新征程，深入剖析了全面建设社会主义现代化国家面临的问题与挑战，并提出了相应的对策建议，为助力解决新时代我国社会主要矛盾、为开启全面建设社会主义现代化国家新征程提供决策参考。

二、全面建成小康社会的理论沿革

改革开放以来，我们党带领全国各族人民进行小康社会建设的生动实践，走出了一条适合中国国情的道路，人民群众的获得感、幸福感切实提高。系统回顾我国小康社会建设的历程，有助于更好地把握社会主义建设规律，有助于对新时代全面建成小康社会的监测与分析提供更深刻的启示。总的来看，我国改革开放以来小康社会的建设主要经历了以下三个阶段。

第一阶段："小康"概念的提出与建设小康社会（1979.12—2000.10）。1979年12月，邓小平在会见日本首相大平正芳时首次用"小康"概念描述四个现代化。他说："我们要实现的四个现代化，是中国式的四个现代化。我们的四个现代化的概念，不是像你们那样的现代化的概念，而是'小康之家'。"当时，邓小平对小康的描述还比较模糊。他说："到本世纪末，中国的四个现代化即使达到了某种目标，我们的国民生产总值人均水平也还是很低的。要达到第三世界中比较富裕一点的国家的水平，比如国民生产总值人均一千美元，也还得付出很大的努力。中国到那时也还是一个小康的状态。"[①]1987年，党的十三大正式明确提出"三步走"的战略方针，将建设小康社会纳入我国社会主义初级阶段现代化建设的目标[②]。在此基础上，党的十三届七中全会对小康的定义做了进一步的描述："所谓小康水平，是指在温饱的基础上，生活质量进一步提高，达到丰衣足食。"这个要求既包括物质生活的改善，也包括精神生活的充实；既包括居民个人消费

---

① 邓小平. 邓小平文选（第2卷）[M]. 北京：人民出版社，1994.
② 邓小平. 邓小平文选（第3卷）[M]. 北京：人民出版社，1993.

水平的提高，也包括社会福利和劳动环境的改善①。

第二阶段：全面建设小康社会新阶段（2000.10—2012.11）。2000年10月，党的十五届五中全会指出，我们已经胜利实现了现代化建设的前两步战略目标，经济和社会全面发展，人民生活总体上达到了小康水平。然而，当时达到的小康还只是低水平的、不全面的、不均衡的小康。2002年，江泽民同志在中国共产党第十六次全国代表大会上的报告中进一步指出，我国进入加快推进社会主义现代化的新阶段，奋斗目标转变为全面建设小康社会，首次提出了全面建设小康社会的概念，并从经济、政治、文化和可持续发展等方面提出了全面建设小康社会的具体奋斗目标②。2007年，为顺应国内外新形势新变化，进一步把握经济社会发展规律，党的十七大对全面建设小康社会奋斗目标提出了新要求，并确定了"实现人均国内生产总值到2020年比2000年翻两番"的发展目标，这也是党代会报告在论及GDP翻番目标时首次使用"人均"概念③。

第三阶段：全面建成小康社会新时代（2012.11—2020.12）。2012年11月，党的十八大提出"全面落实经济建设、政治建设、文化建设、社会建设、生态文明建设五位一体总体布局"。我国沿着"五位一体"的布局和路径，整体推进全面建成小康社会。全面建成小康社会不是一个"速度游戏"，我国面对新时代经济社会发展的新趋势新机遇和新矛盾新挑战，有许多艰难繁重的任务需要完成。2017年10月，党的十九大明确了全面建成小康社会的战略重点，强调"要按照十六大、十七大、十八大提出的全面建成小康社会各项要求，紧扣我国社会主要矛盾，统筹推进经济建设、政治建设、文化建设、社会建设、生态文明建设，坚定创新驱动发展战略、区域协调发展战略、可持续发展战略，突出抓重点、补短板、强弱项，特别是要坚决打好防范化解重大风险、精准脱贫、污染防治的攻坚战，使全面建成小康社会得到人民认可、经得起历史检验"④。

综合来看，从"小康"概念的提出到"总体小康"的实现，再到"全面建设

---

① 中共中央文献研究室．十三大以来重要文献选编（中）[M]．北京：人民出版社，1991．
② 中共中央文献研究室．十三大以来重要文献选编（中）[M]．北京：人民出版社，1991．
③ 胡锦涛．胡锦涛文选（第2卷）[M]．北京：人民出版社，2016．
④ 习近平．习近平谈治国理政（第3卷）[M]．北京：人民出版社，2020．

小康社会"和"全面建成小康社会"的历史性跨越,"小康"经历了一个由低水平向高水平、由不全面到全面的发展过程。在此过程中,中国共产党对于小康社会的认知不断深化,关于小康社会建设的目标也愈发地明确,小康的内涵也在逐渐地丰富[1],为我国建设社会主义现代化强国提供了明确的历史方位,奠定了坚实的基础。

三、全面建成小康社会统计监测的理论方法

（一）小康社会监测体系的文献回顾

随着小康理论体系的不断发展,政府部门及其研究机构对小康社会监测体系进行了探索。1991年,国家统计局联合十几个部门一同构建了包含 16 项指标的小康社会指标体系,涉及经济水平、物质生活、人口素质、精神生活、生活环境五个部分[2]。2007 年,国家统计局提出《全面建设小康社会统计监测指标体系》,监测体系涵盖经济发展、社会和谐、文化教育、资源环境、民主法制、生活质量六个方面共计 23 项指标。在此基础上,2013 年进行了修订补充,构建了《全面建成小康社会统计监测指标体系》,原指标所涉及的六个大类不变,但各大类下所涉及的指标有所增加,共计新增 13 个指标,使得指标体系包含的内容更加充实,更加贴近全面建成小康社会的内涵。此外,影响范围较广的还有国务院发展研究中心发展战略和区域经济研究部"十一五"计划基本思路课题组构建的包含经济、社会、制度、环境四方面的监测体系[3],以及国家发展改革委宏观经济研究院课题组提出的包含 15 项指标的监测体系[4]等。

学术界也针对小康社会监测体系展开了研究。朱庆芳（1992）[5]立足于我国

---

[1] 谢伏瞻. 全面建成小康社会的理论与实践 [J]. 中国社会科学,2020（12）:4-24.
[2] 周长城,陈红. 中国小康社会指标体系研究综述 [J]. 湖南社会科学,2004（5）:71-72.
[3] 李善同,侯永志,孙志燕,等. 全面建设小康社会的 16 项指标 [J]. 科学咨询,2004（4）:15-17.
[4] 国家发展改革委宏观经济研究院课题组. 全面建设小康社会指标体系的主要观点 [J]. 红旗文稿,2006（6）:35-38.
[5] 朱庆芳. 小康社会指标体系及 2000 年目标的综合评价 [J]. 中国社会科学,1992（1）:103-120.

基本国情，构建了包含 60 多个指标，涉及社会结构、人口素质、经济效益、生活质量、社会分配结构、社会稳定和社会秩序六大部分的小康社会监测指标体系。贺铿（2003）[①]根据十六大精神，围绕全面建设小康社会的科学内涵及评价原则，初步研制了一个包括经济发展水平、社会发展水平、文教与卫生发展水平三方面的评价体系。谢志强和王剑莹（2016）[②]基于综合性、实用性、普遍性和差异性相结合的原则，从十八大报告和《"十四五"规划纲要》出发，制定了一个包含经济发展、人民民主、科教文化、社会民主、资源环境五个方面的评价指标体系。朱启贵（2017）[③]则认为构建全面建成小康社会的评价指标体系应当遵守"五位一体"的总体布局、"四个全面"的战略布局和"五大新发展理念"，进而从这三个治国理政方略出发，从经济建设、民主法制建设、人民生活、文化建设、生态文明建设五大部分设计了一套指标体系。

纵观上述研究成果，从20世纪末的小康社会指标体系到全面建设小康社会指标体系，再到全面建成小康社会指标体系，所覆盖的监测领域逐渐扩大，可操作性不断增强。然而就已有的全面建成小康社会指标体系而言，还存在一些不足之处。第一，已有监测体系大多重在指标体系的理论构建，除国家统计局外，利用实际数据对全面建成小康社会的进程进行监测与分析的比较少，且未形成综合性的评价指数。第二，已有文献未紧扣新时代我国社会主要矛盾，未充分考虑我国发展不平衡不充分问题。第三，随着我国经济社会的不断发展，出现了一些新情况新变化，如近年来数字经济已成为促进我国经济高质量发展的新引擎，而已有监测体系并未与时俱进地反映这些发展变化。

（二）全面建成小康社会的理论内涵与"中国平衡发展指数"理论框架的内在联系

2015年10月29日，习近平总书记在党的十八届五中全会第二次全体会议上指出，"全面建成小康社会，强调的不仅是'小康'，而且更重要的也是更难

[①] 贺铿.关于小康社会的统计评价标准和监测方法探讨[J].统计研究，2003（4）：3-8.
[②] 谢志强，王剑莹.如何构建全面小康社会的评价指标体系[J].人民论坛·学术前沿，2016（18）：41-53.
[③] 朱启贵.全面建成小康社会评价指标体系研究[J].人民论坛·学术前沿，2017（4）：52-60.

做到的是'全面'。'小康'讲的是发展水平，'全面'讲的是发展的平衡性、协调性、可持续性"。因此，构建全面建成小康社会监测体系的关键在于对"全面"的把握。从"全面"的含义来看，监测体系要考虑发展的平衡性、协调性和可持续性，要体现以下几方面：一是"内容全"，小康包含了人民对美好生活的各种诉求。所谓"统筹推进"经济建设、政治建设、文化建设、社会建设和生态文明建设，意味着以上诸方面的建设只有成为一个有机的和彼此促进的整体，才能构成全面发展、可持续发展的坚实基础[1]。二是"人口全"，小康路上不落一人，惠及全体人民。历史一再表明，一个国家的发展要取得成功，必须让人民都充分参与发展、共同分享发展成果[2]。三是"区域全"，不同区域，不论城乡，全面覆盖。城市和乡村、发达地区和欠发达地区都要全面发展，不能顾此失彼，特别是"老、少、边、穷"地区的贫困人口，更是全面建成小康社会的着力重点[3]。

新时代社会主要矛盾的转化，从解决"物质文化需要"到"美好生活需要"，从解决"落后的社会生产"问题到解决"不平衡不充分的发展"问题，适应了我国发展的阶段性要求，体现了党中央以人为本的发展理念和与时俱进的发展观[4]。中国平衡发展指数的构建立足于新时代我国社会主要矛盾，将"人民美好生活需要"同"发展不平衡不充分"联系起来，充分满足全面建成小康社会监测体系的要求。第一，"内容全"的体现。中国平衡发展指数的指标体系涵盖了"人民美好生活需要"的内容，并将"人民美好生活需要"具体化为经济发展、社会进步、生态文明、民生福祉四个维度。进一步从理论角度出发，综合考虑了与"人民美好生活需要"相关的重点领域和现实特征，将经济、社会、生态和民生四个维度分解和细化，形成相应的二级指标。针对每个二级指标，侧重理论与实践相结合，考察发展不平衡不充分的主要表现形式，选择各领域重要且具有代表性的三级指标。这里刻画的"人民美好生活需要"同"全面建成小康社会"联系密切，都是人民对美好

---

[1] 吴晓明."小康中国"的历史方位与历史意义[J].中国社会科学，2020（12）：25-39.
[2] 谢伏瞻，马建堂，洪银兴，等.中国共产党与中国特色社会主义政治经济学——庆祝中国共产党成立一百周年笔谈[J].经济研究，2021，56（6）：4-39.
[3] 韩保江，邹一南.中国小康社会建设40年：历程、经验与展望[J].管理世界，2020，36（1）：25-36+231.
[4] 许宪春，郑正喜，张钟文.中国平衡发展状况及对策研究——基于"清华大学中国平衡发展指数"的综合分析[J].管理世界，2019，35（5）：15-28.

生活向往的集成体现。第二,"人口全"的体现。党的十八大以来,以习近平同志为核心的党中央把贫困人口脱贫作为全面建成小康社会的底线任务和标志性指标,在全国打响了脱贫攻坚战。基于"小康路上不落一人、惠及全体人民"的思想,中国平衡发展指数的指标体系在二级指标"社会保障"中选取了"贫困发生率"指标来反映各地区脱贫攻坚进展,考察生活在贫困标准以下的人口占全部人口的比重,研判一个国家级贫困县能否顺利"摘帽",以从"人口全"的角度进行监测。第三,"区域全"的体现。中国平衡发展指数的构建充分考虑了地区间、城乡间的发展不平衡,对于地区或城乡不平衡问题的反映指标,根据相应地区或城乡数据计算不平衡程度,进一步将其作为调整系数对发展水平进行调整[①],进而展开综合评价工作,重点监测了全国整体层面、东中西部、南北地区以及城乡一体化协调发展中存在的挑战和问题,充分契合全面建成小康社会监测体系对于"区域全"的要求。

四、全面建成小康社会的辉煌成就

党的十八大以来,在以习近平同志为核心的党中央坚强领导下,全国各族人民齐心协力、砥砺奋进,取得历史性伟大成就。本部分基于中国平衡发展指数的测算结果,重点对我国全面建成小康社会期间经济发展、社会治理、文化建设、脱贫攻坚、人民生活和生态环境等核心内容进行统计监测和分析,综合反映了我国全面建成小康社会取得的成就。

(一)经济发展持续向好

党的十八大以来,面对严峻复杂的国内外环境,各地区认真贯彻落实党中央决策部署,坚持以供给侧结构性改革为主线,坚持深化改革开放,推动我国经济实力大幅提升,经济结构持续优化,转型升级成效明显。2019年,经济平衡发展指数为53.46,比2012年的43.61增加9.84,经济发展总体趋势稳步向前。具体来看,2012—2019年经济领域内部平衡发展指数的发展趋势存在一定差异。经济

---

① 许宪春,郑正喜,张钟文.中国平衡发展状况及对策研究——基于"清华大学中国平衡发展指数"的综合分析[J].管理世界,2019,35(5):15-28.

效益平衡发展指数从2012年的35.41上升至2019年的44.39;经济结构平衡发展指数从2012年的49.01上升至2019年的56.72;创新驱动平衡发展指数从2012年的33.00上升至2019年的51.42;基础设施平衡发展指数从2012年的29.86上升至2019年的46.71;由于人口老龄化程度加深,我国劳动年龄人口占比持续降低,人力资本平衡发展指数稳中趋降,从2012年的70.78下降到2019年的68.04。可见,基础设施和创新驱动平衡发展指数提升幅度最大。

新一代信息技术与实体经济的深度融合,催生了平台经济、共享经济等新业态、新模式的不断涌现,进一步助推了5G、大数据、人工智能、物联网等"新型基础设施建设"的供给创新,为推进经济数字化进程和经济高质量发展提供了新动能,我国数字经济增加值占GDP比重[①]平衡发展指数由2012年的44.50稳步提升到2019年的64.68(见图4-1)。

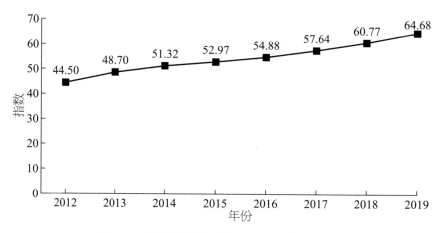

图4-1 数字经济增加值占GDP比重平衡发展指数

(二)社会治理水平不断提升

随着中国特色社会主义进入新时代,民主法治作为全面建成小康社会的制度保障,展现出良好的发展态势。社会组织作为中国特色社会主义现代化建设的

---

① 数字经济范围和数字经济增加值测算方法参见许宪春和张美慧(2020)所著的《中国数字经济规模测算研究——基于国际比较的视角》一文。数据来源:作者提供。数据修订与更新:鉴于国家统计局对信息传输、软件和信息技术服务业增加值数据进行了修订,根据《中国统计年鉴2020》最新数据,作者对原文2015—2017年相关测算结果进行修订,并将测算结果更新至2019年。

重要力量,也是国家治理体系和治理能力现代化的重要组成部分。2019 年,每十万人社会组织数量平衡发展指数为 45.31,较 2012 年的 28.02 增加了 17.29(见图 4-2)。我国的社会组织经历了长足发展,从 1999 年的 14.3 万个增长到 2019 年的 86.6 万个,每十万人社会组织数量由 2012 年的 37 个增加到 2019 年的 62 个,社会组织的管理模式不断规范化、制度化。

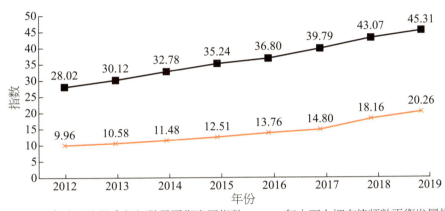

图 4-2　每十万人社会组织数量平衡发展指数和每十万人拥有律师数平衡发展指数

近年来,我国社会治理模式不断优化,法治水平不断提升,2019 年每十万人拥有律师数平衡发展指数为 20.26,较 2012 年的 9.96 增加了 10.30。每十万人拥有律师数由 2012 年的 17 人增加到 2019 年的 34 人。

(三)文化软实力日益凸显

文化建设是全面建成小康社会的精神支柱,随着国家对文化教育的不断重视,我国公共文化服务能力稳步提升,公共文化服务设施加快普及。2019 年社会文明平衡发展指数为 34.18,较 2012 年的 16.10 增加了 18.08(见图 4-3)。文化建设步伐加快,文化产业增加值占 GDP 比重[①]由 2012 年的 3.48% 上升到 2019 年的 4.50%;人均接受图书馆服务次数由 2012 年的 0.32 次增加到 2019 年的 0.64 次;人均文化事业费由 2012 年的 35.46 元增加到 2019 年的 76.07 元。

---

① 文化产业增加值占 GDP 比重数据来源于国家统计局。

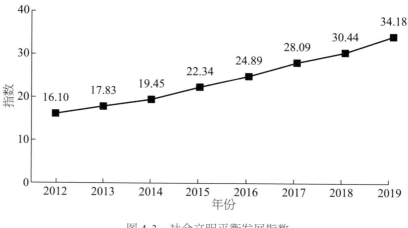

图 4-3 社会文明平衡发展指数

(四) 脱贫攻坚取得全面胜利

党的十八大以来,党中央组织开展了声势浩大的脱贫攻坚战,取得了举世瞩目的全面胜利,贫困发生率平衡发展指数从 2012 年的 49 上升到 100 (见图 4-4)。习近平总书记在全国脱贫攻坚总结表彰大会上强调"全国农村贫困发生率由 2012 年的 10.2% 逐年递减并实现最终清零,现行标准下 9899 万农村贫困人口全部脱贫,832 个贫困县全部摘帽,12.8 万个贫困村全部出列"。我们如期完成了消除绝对贫困的艰巨任务,充分体现了我国社会主义制度的优越性。从区域层面上看,东部地区率先脱贫,中、西部地区农村贫困人口在 2020 年最终实现全面脱贫,区域性整体贫困得到解决。

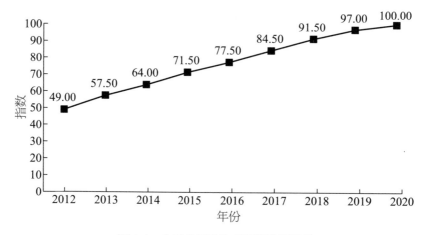

图 4-4 全国贫困发生率平衡发展指数

（五）人民生活水平显著提高

居民人均收入水平大幅提高，城乡收入差距持续缩小。2019 年居民人均可支配收入平衡发展指数为 34.58，较 2012 年的 17.18 增加了 17.4（见图 4-5）。全国居民人均可支配收入由 2012 年的 16 668 元上升到 2019 年的 30 733 元；2019 年，城乡居民收入比为 2.64，比 2012 年降低 14.8%。居民消费支出较快增长，居民生活质量显著提升。2019 年居民人均消费支出平衡发展指数为 38.78，较 2012 年的 18.49 增加了 20.29。全国居民人均消费支出由 2012 年的 11 568 元上升到 2019 年的 21 559 元。农村居民便利设施明显改善，2019 年农村居住便利设施普及率平衡发展指数为 56.69，较 2012 年的 46.77 增加了 9.92。其中，2019 年农村自来水普及率和农村卫生厕所普及率分别为 74.58% 和 87.32%，分别比 2012 年提高 7.88 个百分点和 15.62 个百分点。

图 4-5　居民人均可支配收入平衡发展指数和居民人均消费支出平衡发展指数

健康中国建设扎实推进，医疗健康平衡发展指数从 2012 年的 54.54 上升到 2019 年的 68.58。人民医疗保障水平提升明显，2019 年，每千人口拥有卫生技术人员数达到 7.26 人，比 2012 年增长 46.96%；医疗自付比由 2012 年的 34.34% 下降到 2019 年的 28.36%。居民平均预期寿命由 2012 年的 75.0 岁提高到 2019 年的 77.3 岁。

（六）生态环境明显改善

污染防治攻坚战取得明显成效，空气质量持续改善。2019年空气质量平衡发展指数为62.3，较2012年的47.55增加了14.75。其中，空气质量指数（AQI）达到及好于二级的天数占全年比重由2012年的37.15%上升到2019年的66.12%；细颗粒物浓度（PM2.5）未达到二级天数占全年的比重由2012年的29.23%降低到2019年的11.28%。水污染防治取得明显成效。2012年以来，地表水和河流水质量均有大幅改善，尤其是"十三五"期间，我国地表水劣于Ⅴ类水体比例降至0.6%，河流水质状况Ⅲ类以上占比提升至86.44%。2019年，水质量平衡发展指数为55.83，较2012年的49.79增加了6.04（见图4-6）。

图4-6 空气质量平衡发展指数和水质量平衡发展指数

我国能源产出效率明显提升。2019年能源产出率平衡发展指数为51.55，较2012年的37.7增加了13.85。我国单位GDP能耗（2011年不变价）由2012年的0.76吨标准煤/万元降低到2019年的0.58吨标准煤/万元。农用化学品导致的农业污染问题有效降低。单位耕地面积农药使用量平衡发展指数从2012年的42.1上升到2019年的47.21，2019年我国单位耕地面积农药使用量11.3千克/公顷，比2012年降低35.65%。

综合来看，新时代以来，全面建成小康社会取得了历史性成就——经济发展持续向好，社会治理水平不断提升，文化软实力日益凸显，脱贫攻坚取得全面胜利，人民生活水平显著提高,生态环境明显改善。

五、全面建设社会主义现代化国家面临的挑战

乘势而上开启全面建设社会主义现代化国家新征程,需要紧紧围绕人民美好生活需要,牢牢聚焦解决发展不平衡不充分问题。本部分基于中国平衡发展指数的测算结果,针对不平衡不充分问题中较为突出的领域进行深入剖析,发现全面建设社会主义现代化国家仍面临以下突出问题和挑战:

(一)区域差异有待进一步缩小

党的十八大以来,为促进区域协调发展,我国提出了一系列重大方针和政策举措,取得了积极成效,区域发展协调性不断增强,地区差异得到有效控制,但目前我国区域协调发展中依旧存在一些问题。中国平衡发展指数测算结果显示,2019 年我国地区发展的总体不平衡程度为 0.22,较 2012 年有所下降,但依旧处于高度不平衡状态。从横向来看,东、中、西部地区[①]发展差距仍然较大,"东高西低"依旧是我国发展的基本国情。2020 年东部地区人均 GDP(2010 年不变价)为 89 186.87 元,而中部和西部地区的人均 GDP 分别为 51 310.51 元和 48 735.19 元,东部地区分别为中、西部地区的 1.74 倍和 1.83 倍;2019 年东、中、西部地区 R&D 经费投入强度分别为 2.87%、1.70% 和 1.41%;2019 年东、中、西部地区万人发明专利拥有量分别为 23 件、6 件和 5 件。可见,中、西部地区经济发展水平、创新能力较东部地区均存在明显差距。从纵向来看,南北方地区[②]之间平衡发展速度"南快北慢"、平衡发展水平"南高北低"的发展格局已经形成。南方在经济、社会、生态和民生领域全面占优。其中,南北之间经济和社会领域平衡

---

① 参照国家统计中常用的 11∶8∶12 划分标准。东部地区包括北京、天津、河北、辽宁、上海、江苏、浙江、福建、山东、广东、海南;中部地区包括山西、吉林、黑龙江、安徽、江西、河南、湖北、湖南;西部地区包括内蒙古、广西、重庆、四川、贵州、云南、西藏、陕西、甘肃、青海、宁夏、新疆。
② 参考经济地理的划分标准。南方地区包括上海、江苏、浙江、安徽、福建、江西、湖北、湖南、广东、广西、海南、重庆、四川、贵州、云南、西藏;北方地区包括北京、天津、河北、山西、内蒙古、辽宁、吉林、黑龙江、山东、河南、陕西、甘肃、青海、宁夏、新疆。

发展差距逐渐扩大；生态领域南北平衡发展差距逐渐缩小，但仍处于高位；民生领域南北平衡发展差距由北方领先转向南方占优[1]。

东、中、西部地区发展不平衡由来已久，其成因主要可归为以下几点：一是自然环境的制约。我国地形东低西高，东部地区主要以平原为主，水土资源优越，利于工农业的发展；而西部地区多高原、沙漠，相对地势较高，水土资源匮乏。二是人力资本存在差异，东部地区优渥的物质条件和发展前景不断吸引着人才向东部聚集，对比之下，中西部地区人才较为紧缺。三是经济基础、产业结构、经济开放程度有所不同。受政策倾斜、地理区位等多方面因素的影响，改革开放后，东部地区率先把握住了全球产业转移的机遇，吸引了大量国内外投资，经济快速发展，使得经济基础、产业结构、经济开放程度均优于中西部。关于近年来南北差距逐渐扩大的问题，其成因主要包括以下几点：一方面，以东北地区为代表的北方部分区域发展动能不足；另一方面，北方地区经济结构不合理、转型升级难度较大。此外，北方地区人口增长比较缓慢，劳动力流出现象明显也是造成南北差距扩大的主要原因[2][3]。

（二）城乡发展不平衡问题仍然突出

中国平衡发展指数重点关注了我国经济社会发展中城乡差异较明显的六个方面，2012—2019 年，各领域的城乡不平衡程度基本呈下降趋势，各领域的城乡不平衡问题均有所改善。但部分领域的城乡不平衡问题依然明显，2019 年养老金替代率、居民人均可支配收入和居民人均消费支出的城乡不平衡程度分别为 0.32、0.20 和 0.16，分别处于极不平衡、高度不平衡和中高度不平衡状态。

近年来，我国坚持统筹城乡区域发展，大力实施乡村振兴战略，扎实推进新型城镇化，但现阶段城乡发展不平衡问题仍然突出，城乡之间特别是在收入、消费、

---

[1] 许宪春，雷泽坤，窦园园，柳士昌. 中国南北平衡发展差距研究——基于"中国平衡发展指数"的综合分析 [J]. 中国工业经济，2021（2）：5-22.
[2] 盛来运，郑鑫，周平，李拓. 我国经济发展南北差距扩大的原因分析 [J]. 管理世界，2018，34（9）：16-24.
[3] 许宪春，雷泽坤，窦园园，柳士昌. 中国南北平衡发展差距研究——基于"中国平衡发展指数"的综合分析 [J]. 中国工业经济，2021（2）：5-22.

社会保障、公共资源配置等方面还存在较大差距,这主要归结于城乡二元结构。一方面,农民工难以市民化。诸如城乡二元户籍制度、公共服务供给制度、农民工权利保障制度等还不完善,直接导致农村剩余劳动力向城市转移实现市民化的成本太高;另一方面,城乡资源分配不够均衡。特别是在社会保障福利享受方面(如医疗和养老)、子女教育福利方面未能实现一致。

(三)创新能力不适应高质量发展要求

实现高质量发展的关键是要创新发展模式,破解发展难题,依靠创新驱动是建成社会主义现代化国家的根本路径。近年来,我国研发投入与发明专利数量持续提高,科技实力整体提升,但创新能力特别是基础科研等方面还存在较为明显的发展不充分现象,R&D经费投入强度与美国、日本等发达国家仍存在差距,尤其突出的是我国基础研究投入占比偏低。发达国家基础研究占R&D经费的比例大约在15%~25%,而我国大约只是它们的1/3~1/5。能真正形成关键核心技术的重要科技成果仍不足,故在"基础材料、基础工艺、基础零部件(元器件)、基础软件和高端实验仪器、高端试验设备"等关键领域和环节的"卡脖子"问题较为突出,关键基础零部件(元器件)高度依赖进口,关键基础材料国内严重供给不足、先进基础工艺研究开发能力和产业技术基础供给能力相对薄弱,满足高质量发展内在需求的创新能力有待进一步提高。

创新能力不适应高质量发展要求,产业链供应链关键环节面临"卡脖子"问题,综合来看,具有以下几方面原因:一是基础研究缺乏可持续发展的体制机制保障。我国的基础前沿研究投入支持机制有待完善,科研项目和资金管理水平还有待提升,重大科技任务组织实施机制不健全,重大科技项目规划体系严重缺乏。二是共性技术研发缺乏协调机制。关键共性技术具有公共品的性质,实现共性技术突破往往需要企业间合作完成,但是目前缺乏协调机制。三是技术转移公共服务体系存在体制机制缺陷。在技术扩散公共服务体系方面,我国已经建有"国家技术转移中心""国家技术转移示范机构"等公共机构,但是面临过于依托"精英"科研院所而导致科技成果转移功能不突出、覆盖面小,难以满足广大传统制造业企业需求的问题①。

（四）居民可支配收入不平衡不充分现象还较为突出

近年来，随着"六稳""六保"等系列措施的有效实施，我国居民人均可支配收入呈现出逐年上升的走势。然而，就居民可支配收入占国民可支配收入的比重而言，中国与美国、英国等发达国家相比仍然偏低。据OECD统计调查，2018年② 此项指标美国占比接近80%，英国、意大利等欧洲国家接近70%，而中国为60%左右。此外，从中国平衡发展指数测算结果来看，2019年我国居民人均可支配收入不平衡程度为0.3以上，在区域、城乡等方面均表现出较为明显的不平衡问题。具体而言，分区域来看，2019年东部地区居民人均可支配收入为39 034.96元，中部地区居民人均可支配收入为25 788.35元，西部地区居民人均可支配收入为23 924.65元，中、西部分别为东部的66.06%和61.29%。分城乡来看，2019年，城镇人均可支配收入为42 359元，农村人均可支配收入为16 021元，城乡之比约为2.64。

居民可支配收入占比偏低主要有以下两方面原因：一方面，在初次分配过程中，我国居民初次分配收入占国民总收入比重还偏低，居民收入来源较单一，财产性收入偏低；另一方面，在再分配过程中，我国的税收和社会保障体系的作用有待进一步完善。关于居民可支配收入不平衡的问题，分区域看，区域间存在居民收入差距在各国都是一种比较普遍的现象，这是由于各区域自身经济基础、产业结构不一所导致的。在我国，经济发展呈现出"东高西低"的态势，居民收入水平也就相应地表现为东部高于中、西部。分城乡来看，城乡居民收入存在较大差异则主要还是源于城乡二元结构。在城乡二元结构的影响下，城乡之间要素流动不畅，劳动力市场存在分割。同时，我国现行的收入再分配政策下，直接税比重偏低，间接税比重偏高，在很大程度上抑制了税收制度的再分配效果③。

---

① 江飞涛. 应高度重视传统制造业的高质量发展[J]. 中国经贸导刊，2020（14）：57-59.
② 数据来源于OECD资金流量表。因数据最新年份为2018年，故选用2018年的数据进行对比。
③ 李实，朱梦冰. 中国经济转型40年中居民收入差距的变动[J]. 管理世界，2018，34（12）：19-28.

(五)基本公共服务均等化程度有待进一步完善

从养老方面看,2019年养老金替代率地区不平衡程度为0.15,处于中度不平衡状态。由于各地经济社会发展水平存在差异,各地养老金水平差异较大。2019年,上海、北京等地的人均基本养老金水平超过4万元/年,但是一些欠发达省份人均基本养老金水平刚超过1万元/年。养老保障的城乡差距依然突出,2019年养老金替代率城乡不平衡程度为0.32,处于极不平衡状态。城镇职工养老保险人均养老金水平为39 990元/年,农村居民养老保险人均养老金水平仅为1942元/年。由于我国养老保险制度存在多轨制的问题,统筹层次多在市、县级,全国层面缺乏统筹;不同地区的负担严重不平衡,可携带性不充分,不公平感较高。伴随人口老龄化速度加快,加之社保基金的"历史欠账"严重,从而导致庞大的养老金缺口,对未来财政的可持续性带来挑战。同时,养老保险第二和第三支柱发展不足,社会心理过度依赖基础养老金。

从医疗方面看,2019年每千人口卫生技术人员数城乡不平衡程度为0.17,处于中高度不平衡状态,我国城市每千人口卫生技术人员数为11.1人,而农村为5.63人,城乡比为1.97:1,城乡医疗资源供给仍然存在较大差距,农村卫生资源数量不足、质量不高、配置不合理的问题仍较突出。县级卫生机构财政投入不到位,业务经费不足,科室设置不全,设备落后。据调查,农村卫生经费80%用在房屋等硬件设施建设上,人员培训仅占投资额的3%,农村卫生机构缺乏引进人才、留住人才机制,农村卫生人才队伍建设严重滞后,乡镇卫生机构无学历人员占50%以上[①]。

从教育方面看,2020年全国高中毛入学率已达到91.2%,相较于2012年的85%增长了6.2个百分点。尽管教育水平不断提升,但是教育发展的区域差异还较为突出。高中及以下阶段生均公共财政预算公用经费支出是衡量教育资源和经费投入的重要指标之一,2019年该项指标的地区不平衡程度为0.14,处于中度不平衡状态,北京、上海等地高中及以下阶段生均公共财政预算公用经费支出超过1万元,而全国范围内有12个省份人均不足0.4万元,其中云南仅为0.27万元。

---

① 王春正,戴桂英,等.我国共同富裕道路问题研究[J].全球化,2015(1):6-18.

我国教育发展城乡差距问题也表现突出，经济发展水平的差距导致了城乡办学条件和教师工资待遇存在较大差距，城市学校教师学历和高级教师比例远高于农村学校，农村教师老龄化现象比较突出，教师信息闭塞，教育方式和方法陈旧，教学质量不高。农村生源大量流失、农村优秀教师大量流失、农村学生上一流大学机会减少等新问题，值得重视[①]。

（六）生态环境治理现代化水平有待进一步提升

党的十八大以来，各地区、各部门深入贯彻习近平生态文明思想，使得我国生态环境明显改善，2012—2019年，空气质量、水质量、土壤质量和生态保护的平衡发展指数均有一定提升。但也要看到，生态环保任重道远。根据中国平衡发展指数测算结果，环境治理的平衡发展指数由2012年的37.48下降到2019年的34.60，其中一般工业固体废物综合利用率的平衡发展指数由2012年的51.01下降到2019年的39.51。习近平总书记在第七十五届联合国大会一般性辩论上宣布："中国将提高国家自主贡献力度，采取更加有力的政策和措施，二氧化碳排放力争于2030年前达到峰值，努力争取2060年前实现碳中和。"在2020年气候雄心峰会上，习总书记进一步宣布："到2030年，中国单位国内生产总值二氧化碳排放将比2005年下降65%以上，非化石能源占一次能源消费比重将达到25%左右，森林蓄积量将比2005年增加60亿立方米，风电、太阳能发电总装机容量将达到12亿千瓦以上。"按照2030年碳达峰和2060年碳中和的目标，我国目前还面临较大的减排压力，生态环境治理现代化水平有待进一步提升。

综合来看，我国污染防治成效还需要进一步稳固，主要污染物排放形势仍较为严峻，在一定程度上制约着绿色发展成为经济发展的新动力。究其原因，一是对源头防护和系统规划方面的制度建设重视不足。二是生态环境保护与治理能力亟待提升。当前，无序开发、过度开发、分散开发的现象仍然存在，同时，由于生态环境监测感知体系不全，监管执法措施落后等明显短板尚存，导致重要生态系统遭到破坏后难以及时修复。三是生态环境保护责任制度有待健全。多元主体

---

① 王春正，戴桂英，等．我国共同富裕道路问题研究[J]．全球化，2015（1）：6-18.

协同治理模式虽然契合当下复杂严峻的环境形势，但也存在责任权力划分不清、责任落实不到位、评价体系不科学等问题。

六、开启全面建设社会主义现代化国家新征程的政策建议

习近平总书记在庆祝中国共产党成立100周年大会上指出："着力解决发展不平衡不充分问题和人民群众急难愁盼问题，推动人的全面发展、全体人民共同富裕取得更为明显的实质性进展。"为了解决好发展不平衡不充分的问题，更好地满足人民美好生活的需要，本部分从中国平衡发展指数出发，聚焦前文剖析的全面建设社会主义现代化国家面临的突出问题与挑战，提出以下建议：

（一）坚持推进重大区域发展战略，构建区域协调发展新格局

在中央财经委员会第五次会议上，习近平总书记指出，"不平衡是普遍的，要在发展中促进相对平衡。这是区域协调发展的辩证法"。面对区域发展依旧高度不平衡的问题，一是要结合各地区的区位特征，精准施策，发挥地区比较优势的同时，努力补上发展短板。一方面继续推进重大区域发展战略，带动相关区域发展；另一方面加大力度扶持欠发达地区和老少边穷地区，在资金投入和政策上适当倾斜以促进其快速发展。二是推动市场一体化建设，促进区域间合作发展，畅通东中西和南北之间的经济循环。打破要素自由流动的市场壁垒，鼓励各地区加强合作、交流；打破地方经济中的保护主义，建立更加良好的跨城市营商环境。

（二）有力实施乡村振兴战略，推进我国城乡融合发展

一是要依靠技术进步发展农业产业。根据科技部发布的《创新驱动乡村振兴发展专项规划（2018—2022年）》，中国农业科技进步的贡献率到2022年将达到61.5%。而美国和部分发达国家的农业科学技术贡献率目前已达到了90%。可见，与发达国家相比，我国农业科技创新还有很大提升空间。二是要推进以人为核心的新型城镇化，大力推进"乡村建设"行动。要有效提升乡村基础设施和公共服务水平，推进城乡基本公共服务的标准和制度统一，增加农村教育、医疗、养老

等方面的服务供给。三是要实现城乡要素自由流动。一方面地方政府应建立良好的农村就业环境，加强与科研机构、高校的合作，更好地吸引高素质人才；另一方面要创新金融支农模式，有效缓解农民工融资难、融资贵问题，引导资金向农村市场投入。

（三）加强技术创新体系和扩散体系建设，提升国家创新能力

一方面，要加强基础研究和行业共性技术的研究，完善技术创新体系建设。国家要加大投入，推动高校、科研机构和企业对基础核心技术的研发，在科研管理体制和激励机制方面更多引入市场化的手段，提升科研经费的投入产出绩效；要更多地投入资金支持行业共性技术创新平台、实验体系和企业研发体系建设，积极组建重点实验室、工程实验室、工程中心；要加强需求侧的政策扶持，针对早期用户和实验性用户提供补贴，为企业创造通过"用中学"不断提升技术能力的机会。另一方面，要建立覆盖面广的科技成果转移专业机构，构建治理良好、有效运转的技术扩散体系；发挥专业机构在公共服务体系中的平台功能，承担主要科技成果转移过程的风险，并与科研院所和企业共同分享收益。

（四）改善收入分配政策，进一步缩小收入分配差距

国家应履行好再分配的调节职能，在坚持经济合理增长的同时，进一步缩小收入分配差距，增加中低收入群体的收入，形成"橄榄型社会"。一方面，要提高劳动者报酬在初次分配中的比重。进一步完善劳动保护制度和多渠道就业保障制度，推动更高质量就业；并通过促进户籍制度改革等举措，提高劳动力市场化配置水平，从而实现劳动者报酬与劳动生产率的同步增长。另一方面，需强化税收的再分配功能，完善社会保障体系。优化税收结构，逐步提高直接税比重，同时进一步降低增值税税率；增加居民从企业和政府获取的社会福利和社会救助净收入，提高企业为职工支付的社会缴款提取比例；强化政府社会管理和公共服务的职能，尽可能地提高社会保障水平、扩大社会保障覆盖面①。

---

① 许宪春.中国收入分配统计问题研究[M].北京：北京大学出版社，2015.

（五）深化养老、医疗和教育等领域改革，促进基本公共服务均等化

要坚持在发展中保障和改善民生，促进基本公共服务均等化。一是建立财务可持续、促进公平的养老保障体系。通过划拨国有股份和收益等途径弥补"历史欠账"，将解决"历史欠账"与完善制度设计剥离开来。在对历史债务和未来资金缺口详细测算的基础上制定长远规划，以国有股份和收益、财政补助等充实和增强养老保障储备基金，确保当期养老金发放并为未来出现支付缺口做好准备[1]。完善基本保障项目体系，制定明确的时间表和路线图，尽快实现社会保障体系各个项目全国统筹、城乡统筹，缩小区域、城乡、人群间社会保障待遇差距[2]，通过增加财力投入、结合土地制度改革等措施，逐步提高居民养老保险的保障水平；制定居民与企业养老保险之间的转移接续办法，在精算基础上将居民养老保险的统筹账户换算为职工的缴费年限和指数化工资[3]。二是健全多层次社会保障体系。坚持以政府为主体，积极发挥市场作用，积极构建多层次养老保险体系。进一步创新税收优惠激励政策，推动企业年金和职业年金的发展，鼓励自愿参加的第三支柱商业保险的发展。三是全面推进健康中国建设。建立稳定的公共卫生事业投入机制，加强人才队伍建设，改善疾控基础条件，完善公共卫生服务项目，强化基层公共卫生体系。四是着力解决教育资源均等化问题。要推进城乡义务教育一体化发展和优质均衡发展，继续实施"志愿支教""退休支教"等教育帮扶工程，使优质教育资源惠及全体学生。教育资源配置政策向资源弱势地区倾斜，加大老少边穷地区的教育财政投入力度，注重增加相关基础教育专项基金；加强乡村教师队伍建设，提高乡村教师素质能力，完善留守儿童关爱体系；城市要与农村建立帮扶责任机制，城市公共教育体系应当覆盖到农民的学龄子女，在农村人口大规模进城的背景下，探索以各地常住人口为依据的财政转移支付制度，保障进城农村人口子女享有城市义务教育公共服务的权利。

---

[1] 白重恩，李波，马骏. 社会保障体制改革的方案设计 [J]. 新金融评论，2013（4）：47-82.
[2] 刘培林，钱滔，黄先海，董雪兵. 共同富裕的内涵、实现路径与测度方法 [J]. 管理世界，2021，37（8）：117-129.
[3] 白重恩，李波，马骏. 社会保障体制改革的方案设计 [J]. 新金融评论，2013（4）：47-82.

（六）促进生态环境治理现代化发展，实现可持续性发展

近年来，我国生态环境治理成效显著，但是大气环境质量、水污染、土壤污染、过度开采等问题依然突出，迫切要求治理模式从粗放式、运动式向常态化、可持续性转变，要进一步协调经济发展与资源环境之间的关系，让绿色发展成为经济发展的新动力。一是要完善能源消费总量和强度的"双控"制度，重点控制化石能源消费，同时要推动清洁能源的低碳、安全、高效利用，提升生态系统的碳汇能力。二是要数字化赋能生态环境治理，优化布设大气、地表水、海洋、土壤等监测网点和设施，加快建立污染源自动监控联网系统，打造全面感知、实时监控、天地海一体化的生态环境智慧监测和预警系统。三是要建立健全相关法律法规。完善环境保护标准，严格督查执法，对于造成生态环境损害的行为要加大惩罚力度，并追究相应的赔偿责任或刑事责任。四是要厘清主体间权责分配关系，改革自上而下政府一元主导治理体制，同时要每年定期对环保类社会组织和公众进行走访、调研，认真听取基层环境志愿者机构、社区环保组织和群众的要求，充分保障各主体在生态治理中权利分配的相对公平与权力的有效行使。

第三部分

深入贯彻新发展理念,促进区域协调发展,大力发展数字经济

第五章
新发展理念视域下地区人类发展水平研究[①]

一、引言

经济学家们一般认为，人类发展观念的演化主要经历了三个阶段：第一阶段是"发展＝经济增长"，评价指标以 GDP 或 GNP 为代表；第二阶段是"发展＝经济增长＋结构改善＋社会进步"，主要以人均 GDP 为评价指标；第三阶段是"发展＝经济增长＋结构改善＋社会进步＋后代人的发展"，即可持续发展，主要以绿色 GDP 为评价指标[②]。改革开放以来，我国政府结合本国国情，根据不同时期发展背景，先后提出了以下发展理念：1978 年十一届三中全会提出"以经济建设为中心"发展观；2007 年十七大报告提出"科学发展观"；2015 年十八届五中全会提出"创新、协调、绿色、开放、共享"的新发展理念。

中华人民共和国成立 70 年以来，中国从一个积贫积弱的国家一跃成为当今世界第二大经济体。根据国家统计局初步核算，2020 年我国国内生产总值（GDP）为 101.6 万亿元，经济总量稳居世界第二，预计全年人均 GDP 达 72 447 元，连续两年超过 1 万美元。同时，居民健康状况持续改善，国民受教育程度显著提高，人类发展水平实现了从低水平到高水平的跨越[③]，人类发展指数（HDI）的国际排

---

① 本部分内容为西南财经大学统计学院讲师和清华大学中国经济社会数据研究中心青年研究员朱莉及其合作者的相关研究成果。论文已发表于《财经科学》杂志 2021 年第 10 期。
② 葛峙中. 发展观的演进与创新 [J]. 求索，2004（5）：83-85.
③ 根据联合国开发计划署发布的《2016 中国人类发展报告》，2014 年中国的人类发展指数达到 0.727，在 188 个国家（地区）中列第 90 位，已进入高人类发展水平国家组。自 1990 年引入人类发展指数以来，中国是世界上唯一一个从"低人类发展水平"跃升到"高人类发展水平"的国家。

名从1990年的102位跃升至2018年的85位。但当前约束我国经济发展的内外条件已经发生系统性的深刻变化。一方面,以传统的消费、投资为导向的惯性思维造成供给与需求的结构性"失衡";另一方面,以低要素成本所形成的比较优势逐渐"封顶"①。习近平总书记在十九大报告中指出"我国社会主要矛盾已经转化为人民日益增长的美好生活需要与发展不平衡不充分之间的矛盾"。为顺应时代要求,破解我国发展难题、增强发展动力、厚植发展优势,当前,我国正以新发展理念为指引,推动我国经济发展从粗放发展模式转向高质量发展模式,为实现全面发展打好坚实基础。

据此,在中国人类发展中人们除了在健康长寿、知识获取、体面的生活三个基本方面的选择,还缺乏创新、协调、绿色、开放、共享等这些能够促进人类高质量可持续发展方面的选择。遗憾的是,目前还没有将新发展理念与人类发展指数相结合的研究文献。因此,本部分以新时代五大发展理念为理论依据,将HDI与新发展理念相结合,构建中国人类发展指数(CHDI),以体现新发展理念对我国人类发展的高质量可持续性要求,为现阶段HDI理论在中国的发展提供了借鉴。在此基础上从空间关联的角度,对我国人类发展水平的时空演变及其驱动因素与抑制因素进行实证研究,为探索中国人类发展的作用机制提供了新的方法与思路。最后,给出具体且具启发性的结论,对于当前我国解决社会主要矛盾、促进经济高质量发展和人的全面发展具有一定的启发性和现实意义。

二、CHDI指标体系构建与合成

首先,本部分基于"创新、协调、绿色、开放、共享"五大发展理念构建"新发展理念"维度,将其与HDI②合并构成中国人类发展指数(CHDI)的四个核心维度。其中,"新发展理念"维度由以下五个分项指数的几何平均数构成。

(1)创新指数。创新发展理念针对的是我国创新能力较弱与全球科技和经济

---

① 黄敏,任栋. 以人民为中心的高质量发展指标体系构建与测算[J]. 统计与信息论坛,2019(10):36-42.
② UNDP. Technical notes [EB/OL]. http://hdr.undp.org/sites/default/files/hdr2019_technical_notes.pdf, 2019.

竞争日趋激烈的突出矛盾，强调解决发展的动力源泉问题。参考杨新洪（2017）对创新发展理念的内涵解读与衡量指标的选择[①]，我们认为应从创新财力投入和创新产出两方面去衡量一个地区的创新发展水平，反映创新财力投入的最具代表性指标是研发投入强度，反映创新产出的最具代表性指标是专利授权量。通过权衡后，选取研发投入强度（R&D 经费支出/GDP）和每万人拥有专利授权量作为创新发展的衡量指标。

（2）协调指数。协调发展理念，体现了事物发展的内在规律。人类社会是一个由各种相互联系、相互制约、相互转化的因素和领域构成的"有机体"，发展的规律取决于"有机体"的整体性与相互作用，各"维度"协调发展能实现"1+1>2"的效果。协调发展是一个相对综合的概念，通常包括地区、城乡等经济社会方面的协调发展。考虑到全国层面、省级层面数据的可获得性，选取城乡居民人均收入比、城乡居民人均消费比和城镇居民失业率作为协调发展的衡量指标。

（3）绿色指数。绿色发展理念注重的是解决人与自然的和谐问题。绿色发展是针对我国资源约束趋紧、生态系统退化等严峻问题与人民群众对环境优美、空气清新、饮水干净、食品安全的强烈需求之间的矛盾而提出的。2020 年习总书记提出二氧化碳排放力争于 2030 年前达到峰值，努力争取 2060 年前实现碳中和。考虑到发展与绿色之间的关系，选取二氧化碳排放强度（二氧化碳排放量/GDP）作为绿色发展的衡量指标。

（4）开放指数。开放发展，是马克思国际分工理论的具体运用，通过对外开放国家才能实现繁荣发展。为推动我国更高水平的对外开放，使我国经济更深层次融入世界经济，有利于构建更为广泛的利益共同体，党的十九届五中全会做出"十四五"时期要实行高水平对外开放，开拓合作共赢新局面的重要决定。一个国家或地区的对外开放度，通常表现为该地区的市场开放程度，最直接的表现是对外贸易依存度。据此，选取贸易依存度（对外贸易总额/GDP）作为开放发展的衡量指标。

[①] 杨新洪. "五大发展理念"统计评价指标体系构建——以深圳市为例[J]. 调研世界，2017（7）：3-7.

（5）共享指数。共享发展理念注重的是逐步实现共同富裕本质下的社会公平正义问题。我国经济发展总量不断提升，但城乡区域公共服务水平差距较大，分配不公等问题比较突出。社会保障支出水平体现了一个地区的社会福利水平以及对公平分配的要求，恩格尔系数体现了一个地区的生活水平，这两个指标能够反映一个国家或地区的共享发展水平。因此，选取社会保障水平（社会保障总支出/GDP）和恩格尔系数作为共享发展的衡量指标。

完整的 CHDI 指标体系如表 5-1 所示，将"寿命、教育、收入、新发展理念"四个核心维度聚合成 CHDI 综合指数。为了体现 CHDI 四个核心维度之间的协调程度，在聚合之前先利用耦合协调度模型对其协调性进行调整。参照丛晓男（2019）的研究[①]，CHDI 的四个核心维度（寿命 SM、教育 JY、收入 SR、新发展理念 XFZ）的耦合协调度公式为

$$C = 4 \times \left[\frac{SM \times JY \times SR \times XFZ}{(SM+JY+SR+XFZ)^4} \right]^{\frac{1}{4}} \quad (5\text{-}1)$$

表 5-1　中国人类发展指数（CHDI）指标体系

目标层	一级指标	二级指标	三级指标	指标属性
中国人类发展指数（CHDI）	寿命（SM）	出生时预期寿命	无	正
	教育（JY）	平均受教育年限	无	正
		预期受教育年限	无	正
	收入（SR）	人均 GNI（按购买力平价计算）	无	正
	新发展理念（XFZ）	创新指数	研发投入强度	正
			每万人拥有专利授权量	正
		协调指数	城乡居民人均收入比	逆
			城乡居民人均消费比	逆
			城镇居民失业率	逆
		绿色指数	二氧化碳排放强度	逆
		开放指数	贸易依存度	正
		共享指数	社会保障水平	正
			恩格尔系数	逆

---

① 丛晓男. 耦合度模型的形式、性质及在地理学中的若干误用 [J]. 经济地理，2019，39（4）：18-25.

CHDI 的具体合成步骤为：首先，计算四个核心维度的发展水平及其几何平均数作为综合发展水平；其次，利用式（5-1）测度四个核心维度的耦合协调度；最后，对综合发展水平作协调性调整，即求耦合协调度与综合发展水平的几何平均数，构成 CHDI 指数。

各指标数据来源于国家统计局和部门（或行业）统计年鉴。在选取各指标阈值时，寿命、教育、收入三个维度中的指标阈值来源于 UNDP；新发展理念维度中的指标阈值中最大值是根据"十三五"规划估计的 2020 年各省份的最大值，最小值为自然阈值。为了使 CHDI 指标体系中的人均 GNI、可支配收入、消费以及空间回归模型中的人均 GDP、教育经费等这些价值指标在不同年份具有可比性，我们以 1990 年为基期对其进行价格缩减。

三、CHDI 的时空演变及空间关联特征

在测度 CHDI 的基础上，进一步使用探索性空间数据分析（ESDA）方法，测度各省 CHDI 的空间关联性，包括全局自相关和局部自相关，探索空间上的集聚现象，把握空间相互作用机制。并使用空间自回归（SAR）模型对 CHDI 的影响因素进行了实证分析。

（一）CHDI 的时空演变特征

选择期初 1990 年、人类发展水平等级转折年 2004 年和期末 2017 年这三个代表性年份，利用表 5-1 中各指标的数据和耦合协调度模型，测度全国及 31 个省份在 1990—2017 年的 CHDI 值，结果及排名见表 5-2。

表 5-2 全国 CHDI 值及 31 个省份 CHDI 值与排名

省份	2017 年		2004 年		1990 年		省份	2017 年		2004 年		1990 年	
	CHDI	排名	CHDI	排名	CHDI	排名		CHDI	排名	CHDI	排名	CHDI	排名
全国	0.7799	—	0.7045	—	0.5552	—	河南	0.7317	16	0.6210	27	0.4799	24
上海	0.8721	1	0.8222	1	0.6650	2	江西	0.7291	17	0.6287	22	0.4854	21
北京	0.8654	2	0.8179	2	0.7240	1	广西	0.7251	18	0.6090	28	0.4709	29

续表

省份	2017年 CHDI	排名	2004年 CHDI	排名	1990年 CHDI	排名	省份	2017年 CHDI	排名	2004年 CHDI	排名	1990年 CHDI	排名
天津	0.8399	3	0.7822	3	0.6120	4	海南	0.7233	19	0.6516	15	0.5317	13
广东	0.8311	4	0.7551	4	0.6202	3	吉林	0.7227	20	0.6920	10	0.5546	7
浙江	0.8293	5	0.7332	6	0.5379	11	湖南	0.7178	21	0.6276	23	0.4845	22
江苏	0.8142	6	0.7439	5	0.5615	6	黑龙江	0.7166	22	0.6581	13	0.5416	10
福建	0.7849	7	0.7045	8	0.5425	9	新疆	0.7113	23	0.6466	16	0.4976	17
辽宁	0.7839	8	0.7273	7	0.5805	5	山西	0.6971	24	0.6625	12	0.4970	19
山东	0.7817	9	0.6994	9	0.5468	8	宁夏	0.6908	25	0.6465	17	0.4779	25
重庆	0.7721	10	0.6433	19	0.4978	16	云南	0.6839	26	0.5917	29	0.4747	28
湖北	0.7396	11	0.6452	18	0.5256	14	甘肃	0.6769	27	0.6256	24	0.4808	23
陕西	0.7395	12	0.6758	11	0.5352	12	贵州	0.6651	28	0.5829	30	0.4408	30
四川	0.7377	13	0.6320	21	0.4898	20	内蒙古	0.6369	29	0.6227	26	0.4974	18
河北	0.7348	14	0.6525	14	0.5031	15	青海	0.6292	30	0.6241	25	0.4765	27
安徽	0.7338	15	0.6337	20	0.4777	26	西藏	0.6157	31	0.5480	31	0.4360	31

1990年、2004年、2017年三个年度的中国CHDI值分别为0.5552、0.7045、0.7799。借用UNDP对人类发展水平的等级划分标准（[0,0.55]：低人类发展水平；[0.55,0.7]：中人类发展水平；[0.7,0.8]：高人类发展水平；[0.8,1.0]：极高人类发展水平），1990年中国人类发展处于中等水平，2004年上升为高等水平，2017年仍处于高人类发展水平，但与极高水平差距越来越小。从区位分布来看，全国CHDI在空间层次和发展阶段上都具有鲜明的特征。

1990—2004年，31个省份以低人类发展水平为主的分布，演变为中等水平为主的分布。1990年，北京、上海、天津、广东、辽宁、江苏、吉林7个省份为中等水平以上，占比为22.58%，其余24个省份为低等水平。2004年，西藏仍停留在低等发展水平，其余30个省份全部上升到中等发展水平及以上。其中，北京、上海跨越到了极高水平；天津、广东、江苏、辽宁、浙江、福建6个省份上升到高等水平，占比19.35%。中西部地区与东部沿海地区之间的发展差距较为明显。

2004—2017年全国各地CHDI进一步提升，由中等发展水平为主的分布演变为中等和高等发展水平为主的分布，同时沿海地区的一些省份已经上升到极高发展水平。31个省份CHDI平均值由0.6680提高到0.7398。其中，东部地区平均值由0.7363提高到0.8077，达到极高人类发展水平；中部地区平均值由0.6364提高到0.7248，增长幅度最大，由中人类发展水平跨越到高人类发展水平；东北地区平均值由0.6925提高到0.7410，增长幅度虽小，但也跨越到高人类发展水平；西部地区平均值由0.6207提高到0.6904，仍停留在中人类发展水平。2017年，东部地区的北京、天津、上海、江苏、浙江和广东已上升到极高发展水平，明显领先于其他地区，为我国人类发展水平第一梯度。与此同时，西藏、青海、内蒙古、甘肃、宁夏、云南、贵州等西部地区和中部地区的山西仍停留在中等发展水平。

从31个省份CHDI看，上海、北京、天津和广东一直保持在前四名；排在最后的三个省份由西藏、贵州和广西演变为西藏、青海和内蒙古。可以发现，CHDI排名在两端的省份，在空间上与我国经济发展水平具有高度相关性。上海、北京和天津这些CHDI较高的地区其经济发展也相对领先，西藏、贵州、青海和内蒙古等省份也正是经济发展相对落后的地区。值得一提的是，重庆、四川、陕西和广西这些地区虽然地处西部，但表现抢眼，尤其是重庆和陕西上升到了全国前十名左右，这可以理解为国家推进"西部大开发"战略和"一带一路"倡议所取得的阶段性成果。重庆、陕西和四川虽然地处西部，但地缘位置十分优越，是连接东、西部资源要素的承接地带，也是重要的生态屏障，还是"一带一路"和长江经济带的重要联结点。近年来，这些地区无论在医疗健康、国民收入、教育方面，还是科技创新、城乡协调、生态保护、民生改善、对外开放等方面都取得了显著成效。

总体来看，1990—2017年，28年间中国人类发展水平稳步上升，全国平均值从1990年的0.5241提高到了2017年的0.7398。1992年，党的十四大报告提出加快经济建设，将国民生产总值年均增长率由6%调整为8%~9%。1992—2004年我国经济总量高速增长，以收入为主要驱动力促进了我国CHDI第一阶段的增长。2004年以来，国家提出全面建设小康社会、西部大开发、科学发展观和新时期发展理念等一系列重大战略举措，促进了2004—2017年期间中国人类发展水平第二个阶段的快速增长与提升。

（二）空间自相关分析

1. 全局空间自相关

根据时空演变特征分析可知，我国 CHDI 在空间上具有一定的关联性，可以进一步利用空间计量方法对其空间特征进行分析。全局 Moran's I 统计量是判断研究对象在整个研究区域上是否存在聚集现象的常用指标，它揭示了研究对象在整个研究区域上的平均关联程度。在构造空间权重矩阵 W 时，通常利用空间上是否邻接或空间距离等方法定义空间关系，选择具有共同边界的空间邻接方式。由于海南不与其他任何省份地理相接，为了处理的方便，我们规定海南与广东相邻。

整个研究期间全局 Moran's I 的值（见图 5-1）在 0.3732～0.5551 之间，呈波动上升趋势，较高的 Moran's I 值意味着较强的集聚效应。2001—2017 年，全局 Moran's I 值稳定在 0.4 以上，且与 20 世纪 90 年代相比，上升趋势明显，各省份之间的 CHDI 具有明显的集聚效应，进一步结合局部空间自相关分析可知，空间聚集区域主要集中于西部地区和东部沿海地区。

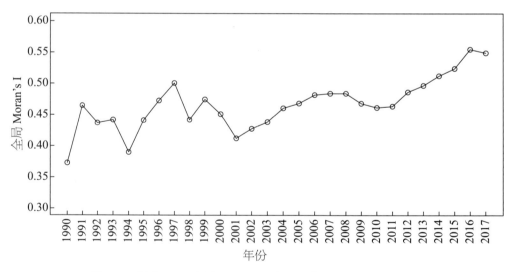

图 5-1　中国 CHDI 全局 Moran's I 变化趋势（1990—2017 年）

2. 局部空间自相关

为了分析 CHDI 在局部空间区域的关联程度，引入空间联系的局部指标（LISA）分析方法，检验统计量为局部 Moran's I 指数（记为 I_i）。$I_i > 0$ 表示局部空间正相关，一个省份与相邻省份之间存在CHDI高值（或低值）的集聚效应（"高-高"（HH）或"低-低"（LL）集聚），空间差异不显著；$I_i<0$表示局部空间负相关，存在"高-低"（HL）或"低-高"（LH）集聚效应，各省份之间的CHDI值差异较大；$I_i=0$表示局部空间不相关。

根据LISA显著性地图（$P=0.05$）可以看出，31个省份CHDI在空间上存在正相关关系，CHDI两极分化现象明显。全国CHDI的空间差异主要是由"高-高"和"低-低"两种类型带来的集聚效应造成的，而"高-低"和"低-高"两种类型带来的集聚效应不明显。1990年、2004年和2017年这三个年份，"低-低"集聚型主要分布在新疆、西藏、青海、云南、贵州和甘肃这些西部地区，"低-低"集聚型的中心基本没有变，但有扩大的趋势。"高-高"集聚型开始集聚在京津地区，随时间的推移逐渐扩展到长三角地区的上海、江苏和浙江等地。1990—2017年期间"高-低"和"低-高"两种集聚类型在统计上不显著。

四、CHDI的影响因素分析

根据对已有文献的归纳，人类发展指数的影响因素大致包括人均GDP（lnRGDP）、政府财政性人均教育经费EF（lnEF）、城镇化率UR（lnUR）、能源消耗强度EI（lnEI）、政府财政性人均社会保障和就业经费支出SI（lnSI）、外商直接投资强度FDI（lnFDI）、每万人拥有卫生专业技术人员数HP（lnHP）等七个方面，所以，选择这七个指标作为空间计量模型的解释变量。根据数据特点和研究需求，此处选取空间自回归（SAR）模型进行影响因素分析。公式如下：

$$\ln CHDI_{it}=\alpha+\rho\sum_{i=1}^{n}w_{ij}\ln CHDI_{it}+\beta_1(\ln RGDP_{it})+\beta_2(\ln EF_{it})+\beta_3(\ln UR_{it})+ \\ \beta_4(\ln EI_{it})+\beta_5(\ln SI_{it})+\beta_6(\ln FDI_{it})+\beta_7(\ln HP_{it})+\mu_i+\zeta_t+\epsilon_{it}$$

（5-2）

式中，w_{ij}为空间权重矩阵W中第i行第j列的元素；ρ为空间自相关系数，它反映了空间相关性的大小和方向；$\beta_k(k=1,2,\cdots,7)$为解释变量系数；μ_i和ζ_t分别表示可选择的空间效应和时间效应；ϵ_{it}是服从正态分布的残差项。

首先对空间相关类型进行检验。如表5-3所示，在1%显著性水平下，LM（lag）

和 LM（err）两个检验均显著；其次，Moran's I 统计量大于临界值，在 1% 显著性水平下显著。经对比，空间自回归模型比空间误差模型更优，因而选择式（5-2）所示的空间自回归（SAR）模型。同时，根据 Hausman 检验结果，在 1% 的显著性水平下呈现固定效应（统计量为 35.3102，P 值为 0.0043），进一步选取固定效应的 SAR 模型进行估计分析。

表 5-3　中国 CHDI 空间自相关检验结果

	检验方法	统计值	P 值
空间相关性检验	LM（lag）	146.3031	0.0000
	Robust LM（lag）	187.6218	0.0000
	LM（err）	7.8051	0.0052
	Robust LM（err）	49.1239	0.0000
	Moran's I	0.3023	0.0000

从 SAR-FE、SEM-FE 的三种固定效应模型看，时间固定效应模型的拟合度 R^2 和回归的对数似然值 $\ln L$ 均最低，空间和时间双固定效应模型的拟合度 R^2 和对数似然值 $\ln L$ 均最高。因此，应选择空间和时间双固定效应模型。进一步比较 SAR-FE 和 SEM-FE 的双固定效应模型的拟合结果，SAR 模型的 R^2 和 $\ln L$ 值均高于 SEM 模型的相应值（见表 5-4），故 SAR 模型比 SEM 模型的拟合效果更好。综上，选择空间时间双固定效应的 SAR 模型估计结果对我国 CHDI 的影响因素进行分析。

表 5-4　中国 31 个省份 1990—2017 年 CHDI 面板数据模型回归结果

模型	传统面板双固定效应	SAR-FE			SEM-FE		
		空间固定	时间固定	空间时间双固定	空间固定	时间固定	空间时间双固定
lnRGDP	0.0374***	−0.0017	0.0526***	0.0374***	0.0185**	0.0525***	0.0374***
	（4.3638）	（−0.2748）	（6.1116）	（4.4162）	（2.3466）	（6.1677）	（4.4004）
lnEF	0.0015*	−0.0126***	−0.0104*	0.0014**	−0.0030	−0.0090*	0.0013**
	（0.3908）	（−3.7118）	（−1.9374）	（2.3733）	（−0.7606）	（−1.6820）	（2.3597）
lnUR	0.0675***	0.0698***	0.0918***	0.0666***	0.0552***	0.0947***	0.0664***
	（7.5446）	（7.5393）	（8.5383）	（7.5172）	（5.6010）	（8.9455）	（7.4762）

续表

模型	传统面板双固定效应	SAR-FE			SEM-FE		
		空间固定	时间固定	空间时间双固定	空间固定	时间固定	空间时间双固定
lnEI	-0.0144***	0.0051	-0.0021	-0.0138***	0.0050	-0.0043**	-0.0142***
	(-3.6918)	(1.3650)	(-0.9554)	(-3.5884)	(1.1819)	(-1.9348)	(-3.6909)
lnSI	0.0148***	0.0203***	0.0115**	0.0135***	0.0439***	0.0096*	0.0145***
	(2.8241)	(6.3310)	(2.0904)	(2.5888)	(9.6245)	(1.7623)	(2.7843)
lnFDI	0.0065***	0.0095***	0.0165***	0.0066***	0.0062***	0.0169***	0.0065***
	(4.9120)	(7.6637)	(11.8122)	(4.9943)	(4.3945)	(12.0847)	(4.9417)
lnHP	0.0427***	0.0070	0.0426***	0.0427***	0.0125	0.0434***	0.0432***
	(5.6677)	(1.1702)	(4.4818)	(5.7235)	(1.5216)	(4.6273)	(5.7419)
ρ		0.6180***	0.0710***	0.1650***			
		(23.5937)	(2.6372)	(3.9057)			
λ					0.5960***	-0.0930*	0.1079**
					(19.6325)	(-1.9101)	(2.3540)
R^2	0.9500	0.9709	0.9290	0.9761	0.9421	0.9282	0.9758
σ^2	0.0234	0.0006	0.0015	0.0005	0.0008	0.0015	0.0005
$\ln L$	2041.8930	1931.3846	1593.7323	2064.2810	1847.1780	1591.5744	2062.2902

注：模型回归变量系数下方括号内为 t 统计量值。*、**、*** 分别表示在 10%、5%、1% 水平下显著。

根据表 5-4 中 SAR-FE 的空间时间双固定效应模型回归结果可知，空间自回归系数 $\rho=0.1650$，在 1% 水平下通过显著性检验，表明我国 CHDI 在相邻省份之间具有明显的溢出效应。即在其他条件不变时，某一省份的相邻省份 CHDI 提高 1% 可能使得该省份的 CHDI 平均提高 0.1650%。也就是说，一个省份的 CHDI 不仅取决于自身的影响因素，还受其邻近省份 CHDI 的影响。由于邻近省份之间存在紧密的经济社会联系，相邻省份之间可能存在经济结构优势互补、医疗资源交叉利用、生态环境相互依赖、科技成果外溢等现象，使得相邻省份之间的 CHDI 相互影响。

从回归结果的解释变量系数看，在 5% 显著性水平下均显著。其中：①人均 GDP 的弹性系数为 0.0374，说明在其他条件不变时，人均 GDP 每提高 1%，

CHDI 平均会上升 0.0374%；②政府财政性人均教育经费 EF 的弹性系数为 0.0014，在其他条件不变时，政府财政性人均教育经费每提高 1%，CHDI 平均会上升 0.0014%；③城镇化率 UR 的弹性系数为 0.0666，在其他条件不变时，城镇化率 UR 每提高 1%，CHDI 平均会上升 0.0666%；④能源消耗强度 EI 的弹性系数为 -0.0138，在其他条件不变时，能源消耗强度每提高 1%，CHDI 平均会下降 0.0138%；⑤政府财政性人均社会保障和就业经费支出 SI 的弹性系数为 0.0135，在其他条件不变时，政府财政性人均社会保障和就业经费支出每提高 1%，CHDI 平均会提高 0.0135%；⑥外商直接投资强度 FDI 的弹性系数为 0.0066，在其他条件不变时，外商直接投资强度提高 1%，CHDI 平均提高 0.0066%；⑦每万人拥有卫生专业技术人员数 HP 的弹性系数为 0.0427，在其他条件不变时，每万人拥有卫生专业技术人员数上升 1%，CHDI 平均提高 0.0427%。由以上分析结果可以发现，城镇化率、每万人拥有卫生专业技术人员数和人均 GDP 为我国 CHDI 的主要正向驱动因素，能源消耗强度为负向驱动因素。

五、结论与政策启示

本章以新时代五大发展理念为理论依据对中国人类发展指数进行了扩展研究。首先以"创新、协调、绿色、开放、共享"五大发展理念构建新发展理念维度，融入人类发展指数，以"寿命、教育、收入、新发展理念"四个核心维度构建 CHDI 指标体系。然后，测度了全国及 31 个省份 1990—2017 年的中国人类发展水平，并对其时空演变和空间关联特征进行了分析，最后对 CHDI 的影响因素进行了实证研究。结果表明：①我国 CHDI 在空间上具有显著的区域集聚效应，中西部地区与东部沿海地区的人类发展差距显著。西部的西藏、青海、新疆、甘肃、云南和贵州地区存在显著的"低-低"聚集现象，"京津"地区和"上海、浙江、江苏"长三角地区存在显著的"高-高"聚集现象。②我国 CHDI 在相邻省份之间相互影响，存在明显的外溢效应。某一省份的相邻省份 CHDI 提高 1% 可能使得该省份的 CHDI 平均提高 0.1650%。③城镇化率、每万人拥有卫生专业技术人员数和人均 GDP 为我国 CHDI 的主要正向驱动因素，能源消耗强度为负向驱动因素。

根据以上研究结果，得出以下政策启示。

（1）注重东部地区与中西部地区之间的协调发展。新时期国家出台了区域协调发展战略，对我国缩小区域差距提出了新的要求。今后一段时间内，促进人类发展水平的区域协调应成为践行我国区域协调发展战略的新焦点，缩小地区之间人类发展水平以及人类福祉的差异应作为优先着力点。同时，要在缩小我国东部与中西部之间人类发展水平差距的基础上，继续扩大"长三角""京津冀""川渝陕鄂"等地区的区域增长极的引领作用。发挥集群内部的扩散效应和对周边省份的辐射效应，实现区域内部和周边省份 CHDI 的协调联动发展。

（2）加强区域经济合作，促进国内大循环。各省份人类发展不仅取决于自身影响因素，同时还受其邻近省份人类发展水平的影响，应进一步加强省际之间和区域之间的合作。随着我国经济社会的快速发展，各地面临资源能源短缺、生态环境恶化和发展成本上升等压力，应跳出本省寻求与其他省份的紧密合作，充分利用各省资源优势，共同治理环境污染和加强生态保护，共享科技创新成果。呈现一个多渠道、多领域、多元化和全方位的发展态势，最终实现全国及各区域人类福祉的共同发展与进步。

（3）缩小城乡差距，促进人口和要素合理流动。根据实证研究发现，城镇化水平是促进人类发展的一大因素，当前我国产业结构进入深度调整期，城镇化逻辑已转变，进入农民工"回流式"城镇化。根据第七次全国人口普查公报，我国常住人口城镇化率为 63.89%，而 2020 年我国户籍人口城镇化率仅为 45.4%，存在大量在城镇常住的农村户籍人口，他们没有真正享受到城镇居民的待遇，在收入水平、医疗保障和教育获得等方面都远不如城镇居民。当前应进一步赋予进城农村户籍人口城镇居民待遇，深入实施乡村振兴战略，提高农村居民收入，缩小城乡收入差距，逐步实现公共服务均等化，这是提升我国人类发展水平的重要途径。

（4）大力推进教育和医疗卫生事业高质量发展。教育和医疗是人类生存和发展的基本需求，人们能够享受好的医疗服务和更好的教育资源，可以直接促进预期寿命的延长和受教育程度的提升。在此给出以下建议：一是持续加大医疗卫生投入，全面提高相关领域财政资金使用效益，加快智慧医疗建设，提高优质医疗资源供给能力；二是坚持优先发展教育事业，全面提高教育投入，重点解决城乡教育不均衡问题，解决东部地区与中西部地区的教育事业发展不平衡问题；三是重视教育和医疗领域的民生属性，而不是经济属性，保障全社会公平、共享。

总体而言，学界对人类发展问题的研究非常重视，但结合新发展理念对中国人类发展指数的测度及作用机制研究的文献相对缺乏。本章基于独特的视角对中国人类发展指数进行了拓展研究，是对人类发展指数的一种新的改进和完善。但是，在此基础上，还有进一步需要讨论的问题。比如，中国人类发展指数的空间作用机制还可进一步深入探讨，对特定区域及其形成原因的研究也可以作为未来研究的方向。

第六章
中国数字经济规模测算及作用研究

数字经济等新型经济的诞生和发展是迅速成长的现代信息技术与世界经济发展、人类生产生活方式等相融合的结果。近年来，发展数字经济已成为信息时代下世界各国提高经济发展质量和在国际经济中争夺话语权而抢占的制高点。欧盟（EU）、经济合作与发展组织（OECD）和中国、美国、德国、法国、加拿大、印度等国家陆续将发展数字经济作为国家经济发展战略的重点。中国 2016 年发布《国家信息化发展战略纲要》，习近平总书记在世界经济论坛 2017 年年会、"一带一路"国际合作高峰论坛、金砖国家领导人会晤、2019 年中央经济工作会议等重要会议中，都强调数字经济的发展并做出重要指示；美国自 2010 年后制定的国家层面数字经济发展战略超过五项。数字经济已成为信息时代下拉动世界经济发展的"新引擎"，在全球经济发展议程中占据重要位置，数字经济的发展水平亦是新经济背景下一个国家综合国力的重要体现。

数字经济改变了国民经济的生产、消费和分配方式，提供了更加高效的经济运行模式。但是，近些年世界上大多数国家的国内生产总值（GDP）或劳动生产率增长率并没有显示出预期的由数字经济带来的提升。在这样的背景下，学界逐渐讨论是否出现了"新索洛悖论"：随处可见的数字经济却唯独在宏观经济统计指标中无法捕捉到。一部分学者认为现有的宏观经济统计数据不能捕获到那些由数字经济活动带来的经济收益和效率提升，GDP 及其他宏观经济统计数据也许出现了一定程度的误统现象（the mismeasurement）。那么，当前统计机构对数字经济是否存在着测度不充分的现象？数字经济是否造成了 GDP 的漏统？数字经济对宏观经济规模、经济增长率等的推动作用如何？这一系列问题均需要对数字经济的规模做出准确的测度研究后来解答。

一、数字经济在扩内需方面的作用

数字经济能够释放消费潜力、激发消费活力、提升消费能力，带动新型基础设施建设投资及设备更新和技术改造投资，在促进消费需求、带动投资需求方面发挥了重要作用。

（一）数字经济在促进消费需求方面的重要作用

互联网、大数据、云计算等数字技术的迅速发展带动了消费模式的变革，网络消费、新零售模式迅速崛起并对消费增长形成了强有力的拉动作用。2015—2019年实物商品网上零售额年均增长24.4%，比社会消费品零售总额年均增速高出15.0个百分点。2020年，受新冠肺炎疫情影响，社会消费品零售总额增速由正转负，为-3.9%，而疫情促使"宅经济"、网络消费等新业态快速发展，实物商品网上零售额增速虽有所下降，但仍保持两位数增长，为14.8%，可见网络零售市场在当前我国消费转型升级中扮演着引领者和加速器的角色。

1. 数字经济释放消费潜力

数字化交易在释放消费潜力方面发挥重要作用。随着网络覆盖率的提升和智能手机的普及，以手机为终端进行线上购物的模式逐渐成为主流消费模式之一。线上购物打破了时空限制，一方面使得消费不再受地域限制，例如生活在偏远山区的人们也能够通过线上购物挑选心仪的产品，选择范围大大拓宽；另一方面使得消费不再受时间限制，例如上班族也能够在工作间隙线上购物，不用再单独安排时间采购生活用品。数字化交易的快速发展使得原本"买不到""没时间买"的消费需求得到满足，随时随地在线购物使得消费潜力得以释放。

2. 数字经济激发消费活力

信息传输、软件和信息技术服务业是数字赋能基础设施的重要组成部分，该行业包含的互联网平台为在线点餐、即时配送、在线VR看房等新模式提供重要支撑，这些新模式的发展给传统的生活方式带来了颠覆性的变革，便利了人们的生活、提高了生活品质；定制化的商品生产和服务使得人们个性化的需求得以满足；数字技术推动家政服务板块精细化，提高了服务的专业度，互联网平台为家政从业者提供线上技能培训，提升了家政服务供给的质量；数字化媒体提供的便利的数字内容产品和服务使得用户习惯向线上迁移，用户愿意为高质量线上产品和服务付费，新的消费习惯得以培育形成。线上的大客户流量和高额利润空间进一步激发了互联网应用的竞争性创新，推动着产品和服务的不断换代升级，从而更好地满足消费升级的需求。人们消费理念的升级和企业产品及服务模式的创新交替推动，在改善人民生活品质的同时激发了消费活力。

3. 数字经济提升消费能力

数字赋能基础设施中的互联网平台为直播经济、跨境电商、互联网金融、在线教育、互联网医疗、线上办公等新业态、新模式的发展提供了重要支撑，由此培育出大量新个体和微经济，开辟了新的就业空间，产生了新的工作岗位。数字经济推动了"零工经济"的产生和快速发展，网约车司机、外卖骑手、社交平台博主、网文写手等新的工作岗位应运而生，在就业方式、就业时间、就业地点上非常灵活，使劳动者可以充分平衡自己的工作与生活。"零工经济"的发展使得人们获取收入的渠道变得多元化，为扩大中等收入群体规模提供了重要支撑。收入的提高带动消费意愿的增强和消费能力的提高，使得有效消费需求得以释放。同时，数字化赋能家政等服务行业，提升其盈利能力，提高了家政从业者的收入水平，使原本低收入群体的高消费倾向得以充分释放。

（二）数字经济在带动投资需求方面的重要作用

数字经济的发展需要工业互联网、大数据中心、5G等新型基础设施建设的支撑，需要生产设备的迭代更新和技术的升级改造，因此，数字经济的发展带动了新型基础设施建设投资及设备更新和技术改造投资。

1. 新型基础设施建设投资

数字经济的快速发展对新型基础设施（简称"新基建"）的完善提出了迫切

需求，新基建与数字经济中的数字化赋权基础设施密切相关。新基建主要包括 5G 基站建设、特高压、城际高速铁路和城市轨道交通、新能源汽车充电桩、大数据中心、人工智能、工业互联网七大领域，涉及诸多产业链，是以新发展理念为引领，以技术创新为驱动，以信息网络为基础，面向高质量发展需要，提供数字转型、智能升级、融合创新等服务的基础设施体系。新基建与传统基建的一个重要区别体现在投资主体上，传统基建因其投资规模巨大、回收周期长，且公益性成分较为突出，通常以国家预算资金或国有部门投资为主，即以政府为投资主体；而新基建因科技含量高、创新性强、技术更迭速度快，且在 5G 网络、工业互联网、人工智能、物联网等领域普遍强调投资收益和回报，更易于吸引社会资本长期投入，即新基建投资以市场化投融资方式为主。新基建具有很强的外溢性，有利于发挥中央预算内投资在外溢性强、社会效益高的领域的引导和撬动作用，激发全社会投资活力。例如 5G 移动通信网络，不仅能激活在线文娱、网络零售、云服务等线上消费需求，还能通过"线上 + 线下"相结合的模式带动实体店的发展，多层次释放中国超大规模市场的消费潜力。又如工业互联网，一方面由于技术迭代升级速度较快，因此需要持续性投资，可以发挥投资带动作用；另一方面通过提供数字转型、智能升级、融合创新等服务，为数字经济发展创造了丰富的产业应用场景，有助于撬动庞大的消费市场，乘数效应和带动效应显著。综上，新基建项目的未来空间大、盈利前景好，有利于政府投资引导和撬动民间资本，起到"四两拨千斤"的作用。

2. 设备更新和技术改造投资

企业的数字化转型升级带动了设备更新需求和技术改造需求。例如传统制造业企业在数字化转型过程中，需要应用物联网、云计算和自动化控制等技术，对机器设备和生产流程等进行优化更新，使企业从单机生产向网络化、连续化生产转变；同时，需要应用先进技术和智能化装备，对存量装备进行智能化改造，以满足建设智能制造单元、智能生产线、智能车间、智能工厂的需求。企业生产设备的更新和技术改造本身能够带动有效投资，与此同时，设备和技术改造可以助力企业实现数字化转型升级，提高企业生产效率、降低生产成本、提升盈利能力，进一步激发企业潜在投资需求，实现良性循环。

二、中国数字经济规模测算及与国际比较[①]

（一）数字经济概念演进

本部分系统回顾国际上信息经济、互联网经济、数字经济的发展历程，梳理上述经济模式的特征及内涵要素，结合当前中国数字经济的发展情况，尝试对数字经济的范围进行界定。在此基础上系统地梳理国际上关于数字经济分类的研究经验，提炼不同国际组织和一些国家政府统计机构对数字经济分类的划分逻辑与标准，借鉴联合国统计署全部经济活动的国际标准产业分类（ISIC）、北美产业分类体系（NAICS）的分类原则，以《国民经济行业分类》为依据，结合"分"与"合"的"双向复合分类"机制，尝试对中国数字经济进行产业划分，并对数字经济测度方法进行初步的对比与探讨，为中国数字经济规模的测算奠定基础。

国际上对数字经济的研究经历了信息经济、互联网经济以及数字经济的探索过程。

（1）信息经济。信息经济的发展经历了从信息产业到信息经济的发展过程，信息产业主要代表信息通信技术（information communication technology，ICT）产业，伴随着ICT产业的快速发展及其与经济运行方式的不断融合，ICT向社会、经济、生活等领域的渗透作用逐渐增强，由此产生了信息经济模式。Porat（1977）出版了《信息经济》[②]一书，界定了信息活动、信息资本、信息劳动者等与信息经济相关的基本概念和范畴。《OECD信息技术展望》[③]（OECD，2010）系列出版物，分析了ICT产业发展趋势与发展动态，对ICT部门与全球化、ICT技术与就业、互联网经济、ICT与绿色增长等方面进行研究，为信息技术产业的政策制定提供建议。《信息社会测度指南》[④]（OECD，2011）系列出

---

① 许宪春，张美慧.中国数字经济规模测算研究——基于国际比较的实际[J].中国工业经济，2020（5）：23-41.
② Porat M. The Information Economy:Definition and Measurement[M]. Washington DC: US Department of Commerce, 1977.
③ OECD. OECD Information Technology Outlook[M]. Paris: OECD Publishing, 2010.
④ OECD. Guide to Measuring the Information Society 2011[M]. Paris: OECD Publishing, 2011.

版物，围绕 ICT 产品，ICT 基础设施，企业、住户及个人对 ICT 的需求情况，内容与媒体产品等方面对信息社会测度展开系统研究，为 ICT 研究领域的学者、分析工作者与政策制定者提供了标准参考与建议，是从供给与使用层面刻画信息社会较全面的统计框架。总体来看，信息经济的发展得益于信息产业发展规模的大幅度提升及其对经济运行方式的不断融合，信息经济的核心内容仍为 ICT 产业与 ICT 产品。

（2）互联网经济。进入 21 世纪以来，伴随着互联网的迅速发展及其与经济运行的深度融合，互联网对经济发展的影响不断增强，逐渐成为支持国民经济各领域快速发展不可替代的要素。世界上越来越多的国家认为互联网已经成为保障经济运行的重要基础设施，它对经济发展的保障作用与电力、水利、交通网络等基础设施相似。在这样的背景下，"互联网经济"这一名词逐渐兴起并广泛传播。从 2010 年开始，OECD 用《互联网经济展望》替代了《信息技术展望》，对互联网的发展趋势，企业、政府和个人的互联网使用情况，数字内容的发展，互联网安全与隐私等问题进行了系统研究。OECD 指出，互联网经济是快速演变的，且其发展方式在不同国家存在一定差别。相较于信息经济，互联网经济的发展体现在信息通信技术的跃迁及其与经济运行的更充分融合。在互联网经济的背景下，产品的范围进一步拓宽，衍生出以互联网为媒介进行传播的电影、音乐、新闻、游戏、广告等无形数字内容产品。

（3）数字经济。"数字经济"一词是 Tapscott（1996）在《数字经济：网络智能时代的机遇和挑战》①一书中提出的，他认为数字经济描述的是一个广泛运用 ICT 技术的经济系统，包含：基础设施（高速的互联网接入、计算能力与安全服务）、电子商务（在前端与后端大幅利用 ICT 的商业模式），以及运用 ICT 的 B2B、B2C 和 C2C 交易模式。Negroponte（1996）的著作《数字化生存》②中，指出数字化生存是由数字化、信息化和网络化等对人类生产生存方式带来巨大变化进而形成的一种全新的生存方式。日本通产省于 1997 年 5 月开始使用"数字经济"这一名词，它认为数字经济是具备以下四种特征的经济业态：①使不存在人员、

---

① Tapscott D. The Digital Economy: Promise and Peril In The Age of Networked Intelligence[M]. New York:McGraw-Hill, 1996.
② Negroponte N. Being Digital[M]. New York: Random House, 1996.

物体和资金转移的非物理移动型经济成为可能；②合同签署、价值转移和财产积累可通过电子途径完成；③信息通信技术高速发展；④电子商务广泛发展，数字化逐步渗透进人民生活的方方面面。OECD（2017a）[①]指出，随着云技术、机器学习、远程控制、自动机器系统的出现，物联网技术逐渐成熟，使 ICT 与经济之间的融贯联系大幅度增加。数字经济发展迅速并渗透进世界经济运行的多个方面，包括零售（电子商务）、交通（自动化车辆）、教育（大规模开放式网络课程）、健康（电子记录及个性化医疗）、社会交往与人际关系（社交网络）等领域，数字化创新和新型商业模式引领了社会工作和贸易方式的转变。

由此可见，信息经济、互联网经济和数字经济是对不同时期新型经济业态的描述，三者发展的核心驱动力仍是信息技术。近年来，伴随着信息技术的不断发展及其与国民经济各行业的融合程度逐渐加深，衍生的新产品、新业态和新商业模式逐渐增多，数字经济更能体现当前新型经济的发展特征。

（二）数字经济的内涵与形成要素

（1）数字经济的内涵。由于数字经济的发展及其与日益跃迁的信息技术紧密相连，动态发展特征使得对数字经济内涵的界定比较困难。数字经济的概念自诞生以来，其内涵不断丰富。当前的数字经济则正处在快速演变、与国民经济运行全面融合的阶段，人们对数字经济内涵的认识目前很难统一。

国际上对数字经济的理解有广义与狭义之分。狭义的理解是将数字经济视为一种产业经济，数字化货物和服务的生产、消费与分配活动需从依附于传统国民经济活动的部门中剥离出来，发展成为国民经济中独立的核心产业，即数字化产业。数字化产业主要包括以信息为加工对象，以数字技术为加工手段，以数字化产品为结果，以国民经济各领域为流通市场，其本身没有明显的利润，但可显著提升国民经济其他行业利润的公共性产业。持这类观点的代表国家有法国等。法国数字经济监测中心认为数字经济是依赖于 ICT 的行业，认为数字经济是电信行业、视听行业、互联网行业、软件行业以及需要利用上述行业来支持自身运行的行业

---

① OECD. OECD Digital Economy Outlook 2017[M]. Paris: OECD Publishing, 2017a.

的集合。网络经济产业、通信产业、软件产业、卫星产业等均属于数字化产业的范畴。由于数字经济本身发展的特征，对数字经济内涵的诠释经历从狭义到广义的过程是具有必然性的。广义的理解将数字经济视为一种经济活动，持这一类观点的国家主要包括中国、俄罗斯和韩国，2016年中国发布的《二十国集团数字经济发展与合作倡议》提出了数字经济的定义，认为："数字经济指的是以数字化信息与知识作为生产要素，以信息化网络为载体，以ICT的使用来促进效率提升和宏观经济结构优化的经济活动总和。"俄罗斯将数字经济定义为：为保障俄罗斯联邦国家利益为目的在生产、管理和行政活动等过程中普遍使用数字化或信息化技术的经济活动。而韩国对数字经济的定义则更加宽泛，将数字经济定义为：以互联网等信息通信产业为基础而进行的所有经济活动的总和。可见上述三个国家均将数字经济的内涵理解为基于互联网等现代信息技术进行的经济活动的总和，只是在侧重点上稍有不同。

（2）数字经济的形成要素。联合国贸易和发展会议（UNCTAD）发布了《2019年数字经济报告》，提出数字经济发展的两个驱动因素分别是数据和数字平台，数字平台又可以分为交易平台和创新平台，其中交易平台是以在线基础设施支持多方之间交换的双边或多边市场，创新平台以操作系统或技术标准的形式为代码和内容制作者开发应用程序和软件创造环境（UNCTAD，2019）。[①]

本研究认为，数字经济的发展经历了从数字化技术演变到数字化产业，更进一步形成数字化经济活动的过程，目前已经逐渐趋于成熟。数字经济是现代数字化技术与国民经济运行各方面紧密结合的产物，数字经济代表着以数字化技术为基础、以数字化平台为主要媒介、以数字经济赋权基础设施为重要支撑进行的一系列经济活动。不同于传统农业经济与工业经济的是，数字化技术充当数字经济中的代表性技术角色。广义的数字经济不仅包括数字化交易，还应将保障数字化交易能够顺利进行的基础设施、数字化媒体以及数字化货物与数字化服务等包含在内，进而构成了多层次全面的数字经济运行系统。可从以下几个方面来把握广义数字经济的形成要素：①数字化赋权基础设施。数字化赋权基础设施包括计算

---

① UNCTAD. Digital Economy Report 2019 Value Creation and Capture: Implication for Developing Countries[M]. New York: United Nations Publishing, 2019.

机硬件和软件、电信设备等支持数字经济运行和发展的数字基础设施，它是确保数字经济运行与发展的基础。②数字化媒体。数字经济的重要形成要素为数字化媒体。在农业时代和工业时代，知识必须通过物理手段进行传递，包括信件、报告、现金、支票、收据、面对面会议或电话等，而在数字经济时代，这些事物一旦被数字化，知识、内容或信息便可以光速从一个位置传输到另一个位置，从而消除了由时间和距离引起的许多通信障碍。数字化媒体包括直接销售型数字媒体、免费数字媒体和大数据数字媒体等。③数字化交易。不同于传统的农业经济与工业经济，数字经济脱颖而出的重要原因之一是网络背景下使更多的交易方式成为可能，人们通过网上交易的方式获取价格相对低廉的产品或享受更加便捷高效的购物体验。对数字化交易类型的准确划分与把握对理解和测度数字经济均具有非常重要的意义。目前 OECD 对数字化交易类型进行了划分，包括数字订购、平台实现与数字交付三种方式。④数字经济交易产品。包括货物、服务、信息与数据。数字经济作为一种经济活动，对这种经济活动的交易产品确认也相当重要。2008 年 SNA 将产品类别在货物和服务的基础上引入知识载体产品的概念，在数字经济时代，"信息"与"数据"也成为具有交易价值的除货物和服务之外的单独产品。

（三）数字经济规模核算框架

数字经济规模核算的步骤主要包括：第一，界定数字经济范围；第二，筛选数字经济产品与数字经济产业；第三，确定核算方法；第四，测算数字经济增加值、数字经济总产出等指标的规模。前三个步骤主要为数字经济规模核算框架的建立，它对数字经济规模测算具有重要的指导意义。本部分将对数字经济规模核算框架进行系统研究，为数字经济规模的实际测算奠定基础。

第一，界定数字经济范围。借鉴国际组织和其他国家关于数字经济的研究经验，结合中国数字经济发展的实际情况，本研究认为数字经济应主要包括以下四项内容：

（1）数字赋能基础设施（digital enabling infrastructure）。数字赋能基础设施是确保数字经济运行与发展的基础，OECD、BEA 和马来西亚统计局在数字经济概念框架研究中，均将此项内容纳入数字经济的范畴之中，可见数字经济赋能基础设施是数字经济的重要组成部分。数字经济赋能基础设施主要包括计算机硬件和软件、电信设备等支持数字经济运转和发展的基础设施。

（2）数字化媒体（digital media）。在农业时代和工业时代，知识和信息等须通过物理手段进行传播，包括信件、报告、现金、支票、收据与面对面会议等；在数字经济时代，上述大部分内容均可以以数字格式的形式传播，知识和信息便能够即时从一个位置传输到另一个位置，从而消除了由时间和距离引起的许多通信障碍，使信息传播更加高效、便捷。用户在数字化设备以及社交平台、音频网站等创建、访问、存储或浏览的内容即为数字化媒体，数字化媒体的出现是数字经济背景下的一项重大革新。数字化媒体包括：①直接销售型数字媒体，即企业向消费者销售数字产品或提供数字产品的预订服务。②免费数字媒体。一些公司免费向消费者提供数字媒体，例如优酷或Facebook等社交网站，这些提供免费数字媒体的网站通过收取广告费用来盈利。③大数据数字媒体。一些公司在运营过程中产生了高维度的数据资产，他们对消费者行为和特征等信息数据进行收集，这类大数据数字媒体可以通过销售数据资产来盈利。

（3）数字化交易（e-commerce）。不同于传统的农业经济和工业经济，数字经济脱颖而出的重要原因之一是网络背景下更多的交易方式成为可能。人们通过网上交易的方式获取价格相对低廉的产品或享受更加便捷高效的购物体验，交易方式的革新是数字经济改变社会生产方式最显著的特征之一。OECD 关于数字经济的概念框架主要侧重于解析数字化交易本质，数字化交易在数字经济中占据重要地位。关于数字经济交易类型的准确划分与把握对理解和测度数字经济均具有非常重要的意义。目前 OECD 对数字经济交易类型进行了划分，包括数字订购、平台实现与数字传递三种方式，按照交易主体与客体的机构单位类型的不同，数字化交易则可分为企业对企业（B2B）、企业对消费者（B2C）以及点对点（P2P）等交易类型。

（4）数字经济交易产品（digital economy trading product）。数字经济交易产品包括货物、服务、信息与数据。数字经济作为一种经济活动，其交易产品的确认也相当重要。2008 年 SNA 在产品类别中新增了"知识载体产品"类别，调整后的产品类别中包含货物、服务与知识载体产品，其中：货物是指有某种社会需求且能够准确确定所有权的有形实体，服务是指生产者按照消费者的需要进行活动而实现的消费单位状况的变化，知识载体产品是指那些以消费单位能重复获取知识的方式而提供、存储、交流和发布的信息、咨询和娱乐。在数字经济时代，知识载体产品是交易中的重要对象。UNCTAD 在《2019 年数字经济报告》中指出数字数据是数字经济发展的驱动因素。OECD（2017b）[①]提出数字经济概念框架，在数字经济交易产品的范围中也单独添加了"信息/数据"这一项，可见信息与数据这类具有知识载体性质的产品是数字经济交易中不可或缺的重要内容，所以本研究界定的数字经济交易产品包括货物、服务、信息与数据这四项。

第二，筛选数字经济产品与数字经济产业。我国官方统计使用的产品分类为《统计用产品分类目录》[②]（国家统计局，2010），共包含 97 个产品类别，每个类别下对应数量不等的产品小类。《统计用产品分类目录》是基于《国民经济行业分类》构建的产品目录，97 个产品类别分别对应国民经济行业分类门类下的大类，共计 97 大类。接下来，根据数字经济包括的四大组成部分，从《统计用产品分类目录》中逐一筛选数字经济产品，并进一步在国民经济行业分类中确定生产该产品的产业，为数字经济规模的测算做准备。

值得说明的是，数字经济中包含了所有数字化的货物和服务，然而在《统计用产品分类目录》中，部分产品同时拥有数字化与非数字化的成分，这类产品被称为"不完全数字化产品"（partly digital product），从这类产品中剥离出数字化的成分需要更多详细的数据作为支撑，而目前与数字经济相关的基础数据还不够完善，因此不能对这类产品的数字与非数字化内容作出准确划分。考虑到结果的准确度，本研究在数字经济规模的测算中，只包括了完全或主要特征为数字化的产品。

（1）数字化赋能基础设施产品及对应的数字经济产业。数字化赋能基础设施指的是支持计算机网络和数字经济存在和运转的物理设施等，包括的产品有计算

---

① OECD. Measuring Digital Trade: Towards a Conceptual Framework[M]. Paris: OECD Publishing, 2017b.
② 国家统计局. 统计用产品分类目录[M]. 北京：中国统计出版社，2010.

机硬件和软件、电信设备等。表 6-1 中列出了《统计用产品分类目录》中符合数字化赋权基础设施特征的产品及生产这些产品对应的产业。

表 6-1　数字化赋权基础设施对应的统计用产品与产业分类

数字经济的要素	包含内容	GB/T 4754—2017	GB/T 4754—2011	《统计用产品分类目录》对应产品
数字化赋权基础设施	电信设备与服务	I- 信息传输、软件和信息技术服务业 I-63 电信、广播电视和卫星传输服务	I- 信息传输、软件和信息技术服务业 I-63 电信、广播电视和卫星传输服务	电信和其他信息传输服务 电信服务；互联网信息服务；广播信号传输服务；电视信号传输服务；卫星传输服务 计算机信息服务 计算机系统服务；数据处理服务；计算机及外部设备维修服务；其他计算机信息服务
	计算机软件	I-64 互联网和相关服务 * I-65 软件和信息技术服务业 *	I-64 互联网和相关服务 * I-65 软件和信息技术服务业 *	软件服务 基础软件设计服务；应用软件设计服务；嵌入式软件服务；软件技术服务
	计算机硬件	C- 制造业 C-39 计算机、通信和其他电子设备制造业	C- 制造业 C-39 计算机、通信和其他电子设备制造业	通信设备、计算机及其他电子设备 通信传输设备；通信交换设备；通信终端设备；移动通信设备；移动通信终端设备及零部件；通信接入设备；雷达、无线电导航及无线电遥控设备；广播电视设备；电子计算机及其部件；计算机网络设备；电子计算机外部设备及装置；电子计算机配套产品及耗材；信息系统安全产品；真空电子器件及零件；半导体分离器；集成电路；微电子组件；电子元件；敏感元件及传感器；印制电路板；家用音视频设备；其他未列明电子设备

注：" * "表示该行业中的内容有部分属于该数字经济产业。以下各表相同。

　　数字化赋权基础设施中还包含了为数字经济运营提供场所的建筑物和具有嵌入软件能够联网的汽车或其他设备等，但是这两类设施可以同时用于数字经济活动和非数字经济活动，将其中用于数字经济活动的部分准确筛选出来是相当困难的，目前还没有充分的数据支持。因此，本研究只考察了数字化赋权基础设施的电信设备与服务、计算机硬件和计算机软件三部分，这三部分也与 BEA 的测算范围一致。

　　（2）数字化媒体产品及对应的数字经济产业。数字化媒体指的是用户在数字化设备上创建、接触、储存或浏览的内容。在 BEA 对数字化媒体产出和增加值的估计中,将数字化媒体划分为数据流服务、互联网发行和互联网广播三个部分。表 6-2 中列出了《统计用产品分类目录》中符合数字化媒体特征的产品及生产这些产品对应的产业。

表 6-2 数字化媒体对应的统计用产品与产业分类

数字经济的要素	包含内容	GB/T 4754—2017	GB/T 4754—2011	《统计用产品分类目录》对应产品
数字化媒体	互联网发行与出版	R-86 新闻和出版业 R-8624 音像制品出版 R-8625 电子出版物出版 R-8626 数字出版	R-85 新闻和出版业 R-8524 音像制品出版 R-8525 电子出版物出版 R-8529 其他出版业	88- 新闻出版服务 网络新闻采编服务;电子出版物服务;互联网出版服务
	互联网广播	R-87 广播、电视、电影和录音制作业 R-8710 广播 R-8720 电视 R-8740 广播电视集成播控 R-8750 电影和广播电视节目发行	R-86 广播、电视、电影和影视录音制作业 R-8610 广播 R-8620 电视 R-8640 电影和影视节目发行	89- 广播、电视、电影和音像服务 互联网广播节目播出服务;互联网电视节目播出服务;网络电影播出服务
	流量与下载	R-87 广播、电视、电影和录音制作业 R-8730 影视节目制作 R-8760 电影放映 R-8770 录音制作	R-86 广播、电视、电影和影视录音制作业 R-8630 电影和影视节目制作 R-8650 电影放映 R-8660 录音制作	89- 广播、电视、电影和音像服务 电影放映服务;音像制作服务
	相关支持服务[1]	I-64 互联网和相关服务 * I-6421 互联网搜索服务 * I-6422 互联网游戏服务 * I-6429 互联网其他信息服务 * I-6490 其他互联网服务 * I-65 软件和信息技术服务业 * I-6531 信息系统集成服务 * I-6550 信息处理和储存支持服务 *	I-64 互联网和相关服务 * I-6410 互联网接入及相关服务 * I-6420 互联网信息服务 * I-6490 其他互联网服务 * I-65 软件和信息技术服务业 * I-6520 信息系统集成服务 * I-6540 数据处理和储存服务 *	60- 电信和其他信息传输服务 互联网信息服务 61- 计算机信息服务 计算机系统服务;数据处理服务

注:1. "相关支持服务"中的各小类同时包含在数字化赋权基础设施和数字化媒体中,按照 BEA 的处理方法,它们在数字化赋权基础设施和数字化媒体两者间的份额分别是 90% 和 10%。

数字化媒体中还包含了免费数字媒体，提供免费数字媒体的企业通常通过广告费用来盈利，对免费数字媒体价值的估算需要详细的与免费数字媒体相关的广告收入数据与其他相关财务数据的支持，目前这部分数据还较难获取，所以没有把免费数字媒体纳入数字化媒体的核算范围之内。本部分筛选的数字化媒体产业与 BEA 数字化媒体测算范围相对应。

（3）数字化交易产品及对应的数字经济产业。BEA 认为，从广义上讲，所有通过计算机网络进行的货物和服务交易都属于数字化交易，即电子商务。数字化交易包括通过数字订购、平台实现或数字传递进行的交易和相关的网上贸易代理活动，按照交易双方机构单位类型的不同，数字化交易可以划分为 B2B、B2C、P2P 三种类型。受现有数据的限制，BEA 未对 P2P 类型交易的发展情况进行测算。表 6-3 中列出了《统计用产品分类目录》中符合数字化交易特征的产品及生产这些产品对应的产业。

表 6-3　数字化交易对应的统计用产品与产业分类

数字经济的要素	包含内容	GB/T 4754—2017	GB/T 4754—2011	《统计用产品分类目录》对应产品
数字化交易	B2B 批发	F-51 批发业 5193 互联网批发 5181 贸易代理*	F-51 批发业 5199 其他未列明批发业 5181 贸易代理*	63- 批发服务 其他未列明批发服务；贸易代理服务
	B2C 零售	F-52 零售业 5292 互联网零售	F-52 零售业 5294 互联网零售	65- 零售服务 互联网零售

根据《2017 国民经济行业分类注释》（国家统计局，2018）[①] 中对电子商务的界定，电子商务是指通过互联网等信息网络销售商品或者提供服务的经营活动。电子商务活动包括三种类型：①电子商务平台经营活动；②通过电子商务平台销售商品（货物）或者提供服务的平台内经营活动；③通过自建网站、其他网络服务销售商品（货物）或者提供服务的电子商务经营活动。

由于电子商务活动涉及国民经济行业分类的多个不同门类和大类，因此在《国民经济行业分类（2017）》中，按其主要活动归入相关行业类别，如网上房地产中介，

---

① 国家统计局. 2017 国民经济行业分类注释 [M]. 北京：中国统计出版社，2018.

列入 7030（房地产中介服务）；网上铁路、民航等客运票务代理，列入 5822（旅客票务代理）等。对包含在《国民经济行业分类（2017）》小类中的电子商务活动进行准确筛选和测度均存在较大的难度，进一步考虑到与 BEA 测算结果的国际可比较性，本部分对数字化交易相关产业的筛选包括了 B2B 批发和 B2C 零售两个方面。

（4）数字经济交易产品及对应的数字经济产业。在数字经济的背景下，几乎所有的产品均可以通过数字化交易的方式成为数字经济运行中的一部分，而就数字产品本身而言，它是数字经济中不可或缺的一部分，数字产品包括数字货物、数字服务与数据和信息。在数字经济时代下，"数据"与"信息"均具有了产品的属性，是数字化交易中的重要参与者。生产数字化产品的产业与数字化赋权基础设施生产业存在较大的重合。因此，为避免重复计算，本研究没有单列生产数字经济产品的产业分类，认为其增加值已经包含在了数字化赋权基础设施产业的增加值之中。

第三，确定核算方法。在确定了数字经济的范围之后，通过《统计用产品分类目录》与《国民经济行业分类（2017）》筛选出数字经济产品以及生产这些产品的国民经济行业，进而测算上述数字经济相关产业的总产出、增加值等总量指标。借鉴 BEA 的测算方法（Barefoot et al., 2018）[①]，假设数字经济中间消耗占数字经济总产出的比重与相应产业中间消耗占总产出的比重相同。由于现有数据不能提供数字经济各相关行业的详细数据，因此数字经济增加值与总产出等总量指标测算所需要的大部分数据需要估算。在估算过程中需要借助的工具系数有以下几种：

（1）行业增加值结构系数。根据数字经济内涵筛选出的与数字经济相关的产业渗透在国民经济各行业及其子类中。现有的统计资料主要提供门类层面上国民经济行业增加值数据，《中国投入产出表》提供了相对详细的 139 个行业的增加值数据。由于无法完全确定属于数字经济相关行业的国民经济行业大类以及更加细分类别的增加值数据，因此需要引入"增加值结构系数"来推算数字经济相关

---

① Barefoot B, Curtis D, Jolliff W, et al. Defining and Measuring the Digital Economy[R]. BEA Working Paper, 2018.

行业的增加值数据，可用公式表示为

$$\text{行业} ij \text{ 增加值结构系数} = \frac{\text{行业} ij \text{ 增加值}}{\text{行业} j \text{ 增加值}} \tag{6-1}$$

式中，行业 ij 增加值为第 j 行业第 i 子类增加值；行业 j 增加值为行业 j 子类的增加值合计。

（2）数字经济调整系数。在与数字经济相关的国民经济行业中，一些行业只有部分内容属于数字经济，例如批发业中的互联网批发、零售业中的互联网零售等，因此，不能简单地将与数字经济相关的所有行业增加值加总来计算数字经济总增加值。参考郑彦（2017）[1]与黄瑢（2017）[2]构建"教育调整系数"和"物流调整系数"的方法，本研究引入"数字经济调整系数"。数字经济调整系数是指行业中数字经济增加值占该行业总增加值的比重，用公式表示为

$$\text{行业数字经济调整系数} = \frac{\text{行业数字经济增加值}}{\text{行业总增加值}} \tag{6-2}$$

（3）行业增加值率。行业增加值率是指国民经济各行业增加值与相应行业总产出的比率，可用公式表示为

$$\text{行业增加值率} = \frac{\text{行业增加值}}{\text{行业总产出}} \tag{6-3}$$

借鉴 BEA 的估算方法，假设各数字经济相关产业中，数字经济中间消耗占数字经济总产出的比重与其所属行业中间消耗占总产出的比重相同，即各行业数字经济增加值为该行业数字经济总产出与该行业增加值率的乘积，可用公式表示为

$$\text{行业中数字经济增加值} = \text{行业数字经济总产出} \times \text{行业增加值率} \tag{6-4}$$

结合式（6-3）与式（6-4），可以得到如下关系式：

$$\frac{\text{行业数字经济总产出}}{\text{行业总产出}} = \frac{\text{行业数字经济增加值}}{\text{行业总增加值}} \tag{6-5}$$

---

[1] 郑彦. 全口径教育卫星账户编制技术研究 [D]. 大连：东北财经大学，2017.
[2] 黄瑢. 中国物流卫星账户的构建与应用研究 [D]. 大连：东北财经大学，2017.

通过上述阐述可以看出，数字经济调整系数既是行业中数字经济增加值占该行业总增加值的比重，也是该行业中数字经济总产出占该行业总产出的比重。

（四）中国数字经济规模测算结果及与国际比较

本研究结合现有的宏观经济统计数据，借助行业增加值结构系数、数字经济调整系数与行业增加值率等指标，对中国2007—2019年数字经济增加值占GDP比重进行测算。BEA在2018年对2006—2016年美国数字经济规模做出估算（Barefoot et al.，2018）[1]，2019年对美国1997—2017年的数字经济规模进行更新（BEA，2019）[2]，ABS借鉴BEA的测算方法对澳大利亚2011—2016年的数字经济规模进行测算（ABS，2019）[3]。本研究在对中国数字经济规模进行测算的基础上，与BEA和ABS的测算结果进行对比分析，以利于客观理解中国、美国和澳大利亚数字经济发展的差异。[4]

（1）数字化赋权基础设施增加值测算。如前所述，数字化赋权基础设施包含计算机硬件、计算机软件、电信设备与服务三个主要组成部分。按照《国民经济行业分类（2017）》，生产上述产品的产业包含门类I"信息传输、软件和信息技术服务业"的全部内容与门类C"制造业"中的第39大类"计算机、通信和其他电子设备制造业"。

"计算机、通信和其他电子设备制造业增加值"占"制造业增加值"的比重，即制造业门类下"计算机、通信和其他电子设备制造业"的增加值结构系数，根据对数字化赋权基础设施数字经济产业的筛选，上述比值也代表了"制造业数字经济调整系数"。由于《中国投入产出表》不是每年更新，借助《中国投入产出表》

---

[1] Barefoot B, Curtis D, Jolliff W, et al. Defining and Measuring the Digital Economy[R]. BEA Working Paper, 2018.
[2] BEA. Measuring the Digital Economy: An Update Incorporating Data from the 2018 Comprehensive Update of the Industry Economic Accounts[EB/OL].https://www.bea.gov/system/files/2019-04/digital-economy-report-update-April-2019_1.pdf, 2019.
[3] ABS. Measuring Digital Activities in The Australian Economy[EB/OL].https://www.abs.gov.au/websitedbs/D3310114.nsf/home/ABS+Chief+Economist+-+Full+Paper+of+Measuring+Digital+Activities+in+the+Australian+Economy, 2019.
[4] 根据国家统计局对信息传输、软件和信息技术服务增加值数据的修订以及相关统计数据的更新，作者对数字经济增加值测算结果进行了修订和更新。

（与延长表）的相关数据，得到相应年份的制造业数字经济调整系数，其余常规年份的数字经济调整系数则可通过现有年份数据进行估算。

（2）数字化交易增加值测算。数字化交易增加值是数字经济增加值的重要组成部分，美国、墨西哥等国家均对数字化交易总增加值做出了估算。根据上文对数字化交易对应的国民经济行业的筛选，按照《国民经济行业分类（2017）》，数字化交易对应的行业包含门类 F "批发和零售业"中的"互联网批发""互联网零售"和"贸易代理"三个小类。

借鉴 BEA 关于电子商务增加值的核算方法，假定数字化交易相关产业总产出占批发和零售业总产出的比重等于数字化交易相关产业增加值占批发和零售业增加值的比重。本部分利用《中国经济普查年鉴》的数据，将互联网批发、互联网零售业和网上贸易代理主营业务收入之和占批发和零售业主营业务收入的比重作为互联网批发、互联网零售业和网上贸易代理总产出之和占批发和零售业总产出的比重，从而得到批发和零售业的数字经济调整系数，结合历年批发和零售业增加值数据，得到 2007—2019 年数字化交易增加值数据。

（3）数字化媒体增加值测算。数字化媒体产品的增加值计算即生产数字化媒体产品相应产业的增加值核算，通过对国民经济行业中生产数字化媒体产品相关产业的筛选，按照《国民经济行业分类（2017）》，数字化媒体对应的行业包含门类 R "文化、体育和娱乐业"中的第 89 大类"广播、电视、电影和录音制作业"和"音像制品出版""电子出版物出版""数字出版"3 个小类，还包含门类 I "信息传输，软件和信息技术服务业"中的"互联网搜索服务""互联网游戏服务""互联网其他信息服务""其他互联网服务""信息系统集成服务"和"信息处理和储存支持服务"6 个小类[①]。

结合上文对数字经济各组成部分增加值的测算结果，汇总得到 2007—2019 年中国数字经济总增加值规模及其占历年 GDP 的比重，如图 5-1 所示。

---

① 此 6 个小类与"数字化赋权基础设施"包含的内容重合，参考 BEA 的做法，此 6 小类 90% 的增加值属于"数字化赋权基础设施"，10% 属于"数字化媒体"。依据《中国投入产出表》相关数据对此 6 小类增加值进行估算和拆分。

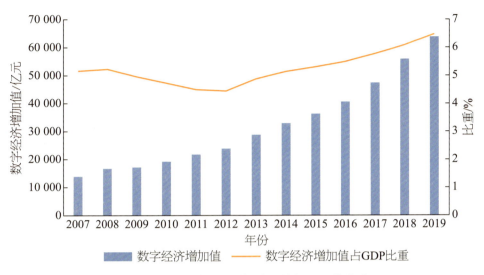

图 6-1 中国数字经济增加值及其占 GDP 的比重

根据本研究测算结果，2007—2019 年，中国数字经济名义增加值占历年名义 GDP 的平均比重约为 5.24%。数字经济增加值占 GDP 的比重在 2007—2019 年间呈现先降后升的走势，2012 年后中国数字经济增加值占 GDP 的份额呈现快速上升的走势。

测算结果显示，2016 年，中国数字经济增加值达到 40 613.06 亿元，占中国 GDP 的比重为 5.49%。根据 Barefoot et al.（2018）[1]、ABS（2019）[2] 的测算结果，同年美国数字经济增加值为 12 092 亿美元，占美国 GDP 的比重为 6.50%；澳大利亚数字经济增加值为 935 亿美元，占澳大利亚 GDP 的比重为 5.70%。

下面将中国数字经济增加值年均实际增长率与美国和澳大利亚进行比较。根据 Barefoot et al（2018）和 ABS（2019）的测算结果显示：2006—2016 年，美国数字经济增加值年均实际增长率为 5.60%；2012—2016 年，澳大利亚数字经济增加值年均实际增长率为 7.50%。根据本研究测算结果显示，2008—2019 年，中国数字经济增加值年均实际增长率为 13.4%。

---

[1] Barefoot B, Curtis D, Jolliff W, et al. Defining and Measuring the Digital Economy[R]. BEA Working Paper, 2018.
[2] ABS. Measuring Digital Activities in The Australian Economy[EB/OL]. https://www.abs.gov.au/websitedbs/D3310114.nsf/home/ABS Chief Economist - Full Paper of Measuring Digital Activities in the Australian Economy, 2019.

《"十四五"规划纲要》在经济社会发展主要指标中新增加了数字经济核心产业增加值占 GDP 比重指标,要求从 2020 年的 7.8% 提高到 2025 年的 10%。由于测算范围和方法与官方统计部门较为一致,本研究对数字经济增加值占 GDP 比重的测算结果与《"十四五"规划纲要》比较吻合,能够在官方公布各年份数字经济核心产业增加值占 GDP 比重之前提供一定的参考作用。

三、对策建议

发展数字经济既能促进消费需求,又能带动投资需求,应厘清政府和市场的关系、处理好需求与供给的关系、注重区域协调和城乡融合发展、持续建设数字基础设施、优化数字经济发展结构、加快示范推广和深化国际合作,推动数字经济持续、健康发展。

一是厘清政府和市场的关系。 在发展数字经济相关的基础设施建设、制度建设等领域厘清政府和市场的关系,包括政府与市场之间、各级政府之间、不同规模企业之间的关系等,确定各参与主体的角色定位和职责分工。中央政府应侧重于数字经济的顶层设计和发展规划,通过制定市场规则、行业标准、竞争监管政策等引导并规范数字经济健康、有序发展;充分发挥中央预算内投资的引导和撬动作用,引导社会资金流向新型基础设施建设投资、设备更新和技术改造投资等领域,激发全社会投资活力。地方政府在充分考虑地区发展水平和地方财力的前提下,完善与数字经济发展相关的地方性竞争与监管机制,改善营商环境,落实减税降费政策和融资优惠政策,为数字经济发展创造宽松、稳定的政策环境。充分发挥企业在数字经济发展中的主体作用,特别是行业龙头企业在数字经济发展中的"排头兵"作用;政府应联合行业龙头企业,通过设立引导基金等机制,共同构建通用型行业数字化解决方案,例如工业互联网平台等,并赋能中小企业,鼓励行业内部中小企业接入通用平台,使得中小企业依托平台已有的通用标准、解决方案等实现企业数字化转型,提高资源配置效率。

二是处理好需求与供给的关系。 扩大内需不仅需要从消费、投资等需求侧发力,供给侧结构性改革也是重要发力点,既要有与生产能力相匹配的需求,又要有与需求相匹配的生产能力。要充分发挥数字经济在释放消费潜力、提升消费能力、激发消费活力方面的作用，使有效需求不断扩大，把扩大消费同改善人民生活品质紧密结合起来；要充分发挥数字经济在赋能产业转型升级方面的作用，推动产业链协同发展，促进新兴产业和传统产业、制造业和服务业融合发展。引导支持企业持续提升技术和工艺水平，大力发展柔性生产线、智能制造、精细化作业，通过数字化赋能完善企业生产作业流程、提高企业经营管理效率、提升商品质量；推动在线教育、互联网医疗健康快速发展，加快互联网与文化旅游产业融合发展，提升服务质量，使商品和服务供给能够满足高层次消费需求，形成供给和需求之间的正向反馈机制，实现更高水平的供需动态平衡，合力助推强大国内市场的形成。

三是注重区域协调和城乡融合发展。不同地区间、城乡间数字经济发展水平不同，在新型基础设施建设、数字化人才队伍建设等方面存在差距，数字化、智能化赋能企业生产经营、政府治理和居民生活的程度不同，阻碍了数字技术的应用与共享、数据要素的流通，形成了较高的区域间"数字壁垒"，阻碍了经济内循环的畅通。应注重区域协调和城乡融合发展，扎实推进区域、城乡共同富裕。

发挥城市群在区域发展中的带动协调作用，以京津冀、长江经济带、粤港澳大湾区、成渝双城经济圈等重大战略为引领，赋能周边地区的数字化、智能化改造，加快构建以城市群为核心的区域数字化、智能化网络，提高一体化发展水平；加快完善中西部地区的新型基础设施建设，包括加强5G基站、城际高速铁路和城市轨道交通、大数据中心、人工智能领域的建设，构建完整的新型基础设施建设体系，提高人流、物流、资金流、信息流、技术流的服务水平。

完善农村地区信息和通信基础设施建设，缩小城乡之间的"数字鸿沟"；重点推进数字技术、大数据在农作物生产管理、禽畜养殖、水产养殖等领域的应用，依托数字经济的发展创新农业生产经营方式，提高农产品质量；充分发挥远程在线医疗、教育等在缩小城乡间的基本公共服务水平差距方面的重要作用，依托数字经济推动城乡融合发展。

四是持续建设数字基础设施。数字化赋权基础设施主要包含计算机、通信及其他电子设备制造业与信息传输、软件和信息技术服务业，它们为数字经济运行提供设备支持与技术保障，是数字经济运行的重要驱动力，在数字经济增加值和总产出等总量指标中，数字化赋权基础设施所占的份额均为最大。在数字经济快速发展的背景下，中国制造业转型升级速度快、规模大，软件产业蓬勃发展。中国应继续推动传统制造业的转型升级，促进数字化技术与传统制造业的深度融合，加大数字化赋权基础设施产业的研发投入力度，持续推进数字化赋权基础设施产业的发展，加快信息基础设施、融合基础设施和创新基础设施等新型基础设施建设进度，为中国数字经济发展奠定扎实的基础。

五是优化数字经济发展结构。数字化媒体和数字化交易是数字化技术与传统媒体和交易活动融合在一起的产物，伴随着信息通信技术的跃迁及其与经济运行方式的深度融合，数字化媒体和数字化交易在数字经济增加值和总产出中的份额逐渐上升。然而，中国数字化媒体和数字化交易产业的发展还存在较大的提升空间，数字化媒体和数字化交易占数字经济相关总量指标的比重与美国相比也还存在一定的差距。中国应加快完善数字化媒体和数字化交易等相关产业的发展机制，加大对相关产业的支持与投入，促进 B2B、B2C、平台经济等的发展，提升数字化媒体和数字化交易在数字经济中的发展份额，优化中国数字经济结构。

六是加快示范推广和深化国际合作。以数字化赋能产业和数字化转型需求方为主体，统筹社会组织、行业协会、科研机构和互联网平台型企业等多方资源，积极开展数字化转型经验分享，推进数字化转型的技术创新、模式创新、业态创新和新型基础设施建设，形成模式创新—试点应用—经验总结—模式推广等完整的示范推广链条。鼓励各级地方政府结合发展基础和实际开展试点示范工作，进行示范企业、示范项目、示范平台、示范园区和示范城市的评选，发挥示范引领作用，增强辐射带动能力。

鼓励企业"走进来"和"走出去"，提高数字化企业全球资源配置能力。充分发挥我国在数字化转型方面的优势和特色，尤其发挥以工业互联网平台为代表的中国制造力量，吸引外国企业进驻平台，引领工业模式创新，不断完善自有生态；同时，依托产业门类齐全、市场规模大、数据资源丰富等优势，利用跨境电商、移动支付等新业态和跨境路缆、国际海缆等新型基础设施建设，深化国际合作。

附　录

附录 A　指标标准化方法选择说明

下面首先介绍几种常用的标准化处理方法。

1. 极差标准化法

对于正向指标：

$$Y_i = \frac{X_i - X_{i,\min}}{X_{i,\max} - X_{i,\min}} \tag{A-1}$$

对于逆向指标：

$$Y_i = \frac{X_{i,\max} - X_i}{X_{i,\max} - X_{i,\min}} \tag{A-2}$$

式中，Y_i 为第 i 个指标的标准化后的指数；X_i 为该指标的指标值；$X_{i,\max}$ 为该指标在其指标值中的最大值；$X_{i,\min}$ 为该指标在其指标值中的最小值。

2. 线性比例变换法

对于正向指标：

$$Y_i = \frac{X_i}{X_{i,\max}} \tag{A-3}$$

对于逆向指标：

$$Y_i = \frac{X_{i,\min}}{X_i} \tag{A-4}$$

式中，$X_i > 0$，$X_{i,\max} \neq 0$，$X_{i,\min} \neq 0$；Y_i 与 X_i 的定义同极差标准化法。

3. 定基发展水平变换法

用时间序列中报告期发展水平与固定基期发展水平对比所得到的相对数，说明某种客观现象在较长时期内总的发展方向和速度。即报告期的水平是该固定基期的多少倍或百分之多少。

计算公式为

$$Y_i = \frac{X_i}{X_0}, \quad i = 1, 2, 3, \cdots, n \tag{A-5}$$

式中，X_0 为基期水平；X_i 为报告期水平。

定基发展水平变换法常用于计算发展速度。

4. 标准样本变换法

对 $X_1, X_2, \cdots, X_n$ 序列作变换，计算公式为

$$Y_i = \frac{X_i - \bar{X}}{s} \tag{A-6}$$

式中，样本均值 $\bar{X}$ 及样本标准差 s 的计算公式如下：

$$\bar{X} = \frac{1}{n}\sum_{i=1}^{n} X_i, \quad s = \sqrt{\frac{1}{n-1}\sum_{i=1}^{n}(X_i - \bar{X})} \tag{A-7}$$

经标准样本变换后，若 $X_i > \bar{X}$，则 $Y_i > 0$；若 $X_i < \bar{X}$，则 $Y_i < 0$。正逆向指标的方向未发生变化。

以上四种标准化方法的定性比较见表 A-1。

表 A-1 不同标准化方法的定性比较

评判标准	极差标准化法（定基）	线性比例变换法	定基发展水平变换法	标准样本变换法
1. 是否受量纲影响？	否	否	否	否
2. 从横向上看能否反映发展水平？	能	能	能	能
3. 从纵向上看能否反映发展水平？	能	不能	能	不能
4. 能否直观反映发展不充分程度或问题？	相对直观	不直观	只有单一基准较难反映	不直观
5. 不同指标是否具有可比性？	一般都视标准化后的指标具有可比性			
6. 是否适用于逆向指标或适度指标？	正向化处理后可用	适用性不强	适用性不强	适用
7. 是否具有可加性？	标准化后的取值范围、含义相对明确，具有可加性			取值范围不定，含义不明，可加性较弱
8. 已有指数的使用情况如何？	使用广泛	较少使用	常用于测度发展速度、增长率等	较少使用
9. 标准化后是否会出现负值的情况？	不会	不会	不会	会
10. 是否要求指标值均大于等于 0？	否	是	是	否

综合而言，极差标准化方法在定性比较中具有一定优势，基本满足标准化所需的可比性和可加性，同时可兼顾发展水平的横向和纵向比较，特别是它能够在一定程度上反映发展不充分问题，因而更适用于平衡发展指数。

附录 B　关于指标体系更新的情况说明

在本轮平衡发展指数的编制过程中，课题组结合历次专家研讨会的意见和建议并根据我国经济社会发展的变化情况，召开了多次内部研讨会深入分析和讨论现有指标数据的基本情况及其与所要反映问题的契合度，并充分考察新指标的数据可得性和适切性，最终对指标体系进行了调整。具体如下：

（1）经济领域的指标更新情况为：取消了"经济结构"二级指标下"高技术产业主营业务收入与GDP之比"的三级指标；在"创新驱动"二级指标下新增"数字经济增加值占比"三级指标。

（2）社会领域的指标更新情况为：将"社会文明"二级指标下的三级指标"人均拥有公共图书馆藏量"替换为"人均接受图书馆服务次数"。

（3）生态领域的指标更新情况为：在"空气质量"二级指标下新增一个三级指标"臭氧浓度"；将"环境治理"二级指标下的三级指标"城市生活垃圾无害化处理率"替换为"一般工业固体废物综合利用率"；将"生态保护"二级指标下的三级指标"水土流失综合治理面积（新增）"替换为"生态质量优良县域面积占国土面积比重"，并考虑将"造林面积"替换为"单位GDP二氧化碳排放量"，但由于我国官方发布的数据时效性较差，暂采用原指标进行测算。

（4）民生领域的指标更新情况为：在"就业"二级指标下新增一个三级指标"就业参与率"；"调查失业率"指标的数据已开始连续公布，故该指标自本年度起进入指数测算环节。

附录 C 三级指标标准化参数设定

表 C-1 三级指标极差标准化基准参数的设定结果

一级指标	二级指标	三级指标					
		序号	指标名称	指标方向	最小值	最大值	计量单位
经济	经济效益	1	人均 GDP	正向	0	80 000	元
		2	能源产出率	正向	0	2.5	万元/吨标准煤
		3	资本产出率	正向	0	1	—
	经济结构	4	居民消费率	正向	0	60	%
		5	服务贸易占对外贸易比重	正向	0	30	—
	创新驱动	6	数字经济增加值占比	正向	0	10	—
		7	R&D 经费投入强度	正向	0	3	—
		8	万人发明专利拥有量	正向	0	20	件/万人
	基础设施	9	互联网普及率	正向	20	85	%
		10	铁路密度	正向	50	200	千米/万平方千米
		11	城市交通承载力	正向	0	200	次/(人·年)
	人力资本	12	劳动年龄人口占比	正向	40	80	%
		13	劳动年龄人口平均受教育年限	正向	0	15	年
社会	社会文明	14	人均接受图书馆服务次数	正向	0	2	次
		15	人均文化事业费	正向	0	120	元/人
	社会公平	16	居民人均收入基尼系数	逆向	0	1	—
		17	劳动就业中的性别差异	逆向	0	1	—
	社会安全	18	亿元 GDP 生产安全事故死亡人数	逆向	0	0.5	人/亿元
		19	刑事犯罪率	逆向	0	2400	件/十万人
	社会治理	20	每十万人社会组织数量	正向	0	112	个/十万人
		21	每十万人拥有律师数	正向	0	130	人/十万人

续表

一级指标	二级指标	三级指标				
		序号	指标名称	指标方向	最小值	最大值	计量单位

一级指标	二级指标	序号	指标名称	指标方向	最小值	最大值	计量单位
社会	社会保障	22	养老金替代率	正向	0	0.7	—
		23	养老保险覆盖率	正向	0	1	%
		24	医疗自付比	逆向	0	60	%
		25	贫困发生率	逆向	0	20	%
生态	空气质量	26	空气质量指数优良率	正向	0	100	%
		27	细颗粒物浓度（PM2.5）未达标率	逆向	0	60	%
		28	臭氧浓度	逆向	0	800	μg/m³
	水质量	29	地表水劣于Ⅴ类水体比例	逆向	0	40	%
		30	河流水质状况Ⅲ类以上占比	正向	0	100	%
	土壤质量	31	单位耕地面积化肥施用量	逆向	0	2	吨/公顷
		32	单位耕地面积农药使用量	逆向	0	45	吨/公顷
	环境治理	33	一般工业固体废物综合利用率	正向	0	100	%
		34	城市日均污水处理能力	正向	0	0.6	万立方米/日
	生态保护	35	生态质量优良县域面积占国土面积比重	正向	0	100	%
		36	造林面积	正向	0	107	公顷
民生	收入	37	居民人均可支配收入	正向	0	60 000	元
		38	居民人均消费支出	正向	0	40 000	元
	就业	39	求人倍率	正向	0	1	—
		40	调查失业率	逆向	0	7	%
		41	就业参与率	正向	0	1	—
	居住	42	城镇人均住房建筑面积	正向	10	60	平方米
		43	房价收入比	逆向	4	16	—
		44	农村居住便利设施普及率	正向	0	100	%

续表

一级指标	二级指标	三级指标					
		序号	指标名称	指标方向	最小值	最大值	计量单位
民生	教育	45	高中毛入学率	正向	0	100	%
		46	高中及以下阶段生师比	逆向	7	20	—
		47	高中及以下阶段生均公共财政预算公用经费支出	正向	0	6000	元
	医疗健康	48	婴儿死亡率	逆向	0	50	‰
		49	每千人口卫生技术人员数	正向	0	12	人
		50	出生时预期寿命	正向	20	85	岁
		51	每千老年人口养老床位数	正向	0	40	张

注：由于数据可得性原因，调查失业率暂未纳入2012—2017年平衡发展指数的计算。

附录 D　地区不平衡测度的权重信息

表 D-1　各指标计算地区不平衡所采用的权重信息

序号	三级指标	权重信息
1	人均 GDP	常住人口
2	能源产出率	能源消耗量
3	资本产出率	资本存量
7	R&D 经费投入强度	地区生产总值
8	万人发明专利拥有量	常住人口
9	互联网普及率	常住人口
10	铁路密度	常住人口
11	城市交通承载力	城镇人口
12	劳动年龄人口占比	常住人口
13	劳动年龄人口平均受教育年限	常住人口
14	人均接受图书馆服务次数	常住人口
15	人均文化事业费	常住人口
18	亿元 GDP 生产安全事故死亡人数	常住人口
20	每十万人社会组织数量	常住人口
21	每十万人拥有律师数	常住人口
22	养老金替代率	养老保险实际领取待遇人数
23	养老保险覆盖率	15 岁以上人口
24	医疗自付比	常住人口
26	空气质量指数优良率	常住人口
27	细颗粒物浓度（PM2.5）未达标率	常住人口
28	臭氧浓度	常住人口
29	地表水劣于 V 类水体比例	常住人口
31	单位耕地面积化肥施用量	耕地面积
32	单位耕地面积农药使用量	耕地面积
33	一般工业固体废物综合利用率	常住人口
34	城市日均污水处理能力	常住人口
37	居民人均可支配收入	常住人口
38	居民人均消费支出	常住人口
41	就业参与率	常住人口
42	城镇人均住房建筑面积	城镇人口
43	房价收入比	城镇人口
44	农村居住便利设施普及率	农村人口
46	高中及以下阶段生师比	小学、初中、高中学生总数
47	高中及以下阶段生均公共财政预算公用经费支出	小学、初中、高中学生总数
49	每千人口卫生技术人员数	常住人口
51	每千老年人口养老床位数	常住人口

附录 E　不同权重方案下的平衡发展指数结果比较

1. 一级指数计算结果

表 E-1　2012—2019 年平衡发展指数一级综合指数计算结果

年份	经济	社会	生态	民生
2012	43.61	42.94	47.01	43.85
2013	45.08	44.46	48.41	46.12
2014	46.82	46.06	49.47	47.80
2015	48.43	47.61	50.88	49.18
2016	49.86	49.30	51.00	50.37
2017	50.60	51.26	51.90	51.41
2018	51.73	53.00	52.41	52.34
2019	53.46	54.71	52.96	54.43

2. 不同的权重方案

考虑以下五种情况的权重设置方案：

（1）一级指标等权重。

（2）三级指标等权重，即一级指标的权重与个数成正比。

（3）偏重经济发展。

（4）偏重民生福祉。

（5）经济发展和民生福祉相对重要。

表 E-2　不同方案下的权重结构

方案	经济	社会	生态	民生
1	0.25	0.25	0.25	0.25
2	0.28	0.17	0.15	0.39
3	0.4	0.2	0.2	0.2
4	0.2	0.2	0.2	0.4
5	0.3	0.2	0.2	0.3

3. 不同权重方案下平衡发展指数的趋势图

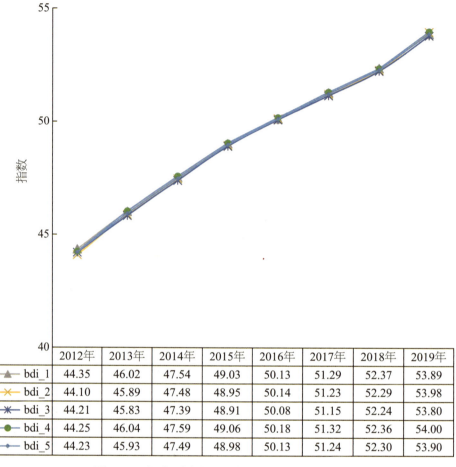

图 E-1　不同权重方案下平衡发展指数的发展趋势

附录 F 统计指标解释与数据来源

1. 经济类平衡发展指数指标说明

（1）人均 GDP：是指一定时期内 GDP 与平均常住人口之比，用于反映经济的发展状况。为了衡量实际水平，这里以 2008 年为基期计算可比价 GDP。数据来源：《中国统计年鉴》。

（2）能源产出率：是指每吨标准煤所能获得的产出量，即国内生产总值（以 2008 年为基期的可比价 GDP）与能源消费总量之比，用于反映能源的产出程度。数据来源：《中国统计年鉴》《地区统计年鉴》。

（3）资本产出率：是指单位资本投入量所能获得的产出量，即国内生产总值（以 1978 年为基期的可比价 GDP）与资本存量（以 1978 年为基期）之比，用于反映资本的产出程度。数据来源：《中国统计年鉴》；资本存量数据根据白重恩和张琼（2014）《中国的资本回报率及其影响因素分析》一文的方法测算，数据由作者提供。

（4）居民消费率：是指居民最终消费支出的总额占当年 GDP 的比例，用于衡量一国经济结构的发展。数据来源：《中国统计年鉴》。

（5）服务贸易占对外贸易比重：是指服务贸易进出口总额除以货物贸易和服务贸易进出口总额之和。数据来源：国家外汇管理局。

（6）数字经济增加值占比：是指数字经济增加值占国内生产总值的比重，用来反映数字经济对整体经济的贡献程度。数字经济范围和数字经济增加值测算方法参见许宪春、张美慧（2020）《中国数字经济规模测算研究——基于国际比较的视角》一文。数据来源：作者提供。数据修订与更新：鉴于国家统计局对信息传输、软件和信息技术服务业增加值数据进行了修订，根据《中国统计年鉴 2020》最新数据，作者对原文 2015—2017 年相关测算结果进行修订，并将测算结果更新至 2019 年。

（7）R&D 经费投入强度：是指 R&D 内部经费支出与国内生产总值之比。数据来源：《中国科技统计年鉴》《中国统计年鉴》。

（8）万人发明专利拥有量：是指每一万名年末常住总人口拥有经国内外知识产权行政部门授权且在有效期内的发明专利件数，是国际通行的反映拥有自主知识产权技术的核心指标。数据来源：国家知识产权局。

（9）互联网普及率：是指接入互联网人口数与人口总数的比值，用于反映基础设施的发展程度。数据来源：《中国互联网络发展状况统计报告》。

（10）铁路密度：是指铁路里程与土地面积的比值，是反映交通基础设施发展及区域差异最为常用的指标之一。数据来源：《中国国土资源统计年鉴》、中国经济与社会发展统计数据库。

（11）城市交通承载力：是指当地城市公共交通客运总量与城镇常住人口的比值。其中，城市交通客运量主要包括公交和城市轨道交通。此指标用于反映各省城市公共交通服务的能力与水平。数据来源：CEIC 数据库。

（12）劳动年龄人口占比：是指 15～64 岁人口数占年末总人口数的比重，反映人口年龄结构，衡量我国人力资本存量情况。数据来源：《国家统计局人口抽样调查数据资料》。

（13）劳动年龄人口平均受教育年限：是指一个国家劳动年龄人口平均接受学历教育的年数，包括普通教育和成人学历教育，但不包括非学历培训，该指标可从质量上反映我国人力资本的积累。数据来源：《国家统计局人口普查数据》；白重恩和张琼（2015）的《中国生产率估计及其波动分解》，数据由作者提供。

2. 社会类平衡发展指数指标说明

（1）人均接受图书馆服务次数：是指一定时期内公共图书馆总流通人次和常住人口之比。其中，总流通人次代表一定时期内去图书馆场馆接受图书馆服务的总人次，包括借阅书刊、咨询问题以及参加各类读者活动等，可反映出我国人民对公共图书馆资源的利用情况。数据来源：《中国文化和旅游统计年鉴》《中国统计年鉴》。

（2）人均文化事业费：是指国家用于发展社会文化事业的财政经费的人均支出。数据来源：《中国文化文物统计年鉴》。

（3）居民人均收入基尼系数：是指全部居民收入中，用于进行不平均分配的那部分收入所占的比例。该指标根据洛伦兹曲线定义计算得出，是国际上通用的衡量国家或地区居民收入差距的指标。数据来源：《中国住户调查统计年鉴》。

（4）劳动就业中的性别差异：是指在分登记注册类型城镇单位就业人员年末数据中，劳动就业人员中男性占比与女性占比的差值，反映劳动就业中的性别公平程度。数据来源：《中国劳动统计年鉴》。

（5）亿元 GDP 生产安全事故死亡人数：是指每生产出 1 亿元国民生产总值过程中，因安全事故导致死亡的人数，反映社会安全生产建设水平。数据来源：各省（区、市）国民经济和社会发展统计公报。

（6）刑事犯罪率：是指每十万人中，当年公安机关立案的刑事案件数，反映社会治安情况。数据来源：《中国统计年鉴》。

（7）每十万人社会组织数量：是指按照常住人口计算的平均每十万人社会组织数，反映社会的治理水平。数据来源：《中国民政统计年鉴》。

（8）每十万人拥有律师数：是指按照常住人口计算的平均每十万人拥有的律师数，表征我国社会法制的发展水平。数据来源：《中国社会统计年鉴》。

（9）养老金替代率：是指当年全部退休人员人均养老金与工资的比例，其中，工资采用人均可支配收入替代，用于衡量劳动者退休前后的生活水平总体差异。数据来源：《中国统计年鉴》。

（10）养老保险覆盖率：是指全国参加基本养老保险人数占养老保险应参保人数的比例，全国参加基本养老保险人数等于参加城镇职工基本养老保险人数与城乡居民基本养老保险参保人数之和，以 15 岁及以上人口数衡量养老保险应参保人数。此指标用于衡量养老保险制度的覆盖状况。数据来源：《中国统计年鉴》。

（11）医疗自付比：是指卫生总费用中个人现金卫生支出部分的占比。其中，卫生总费用指一个国家或者地区在一定时间内，为开展卫生服务活动从全社会筹集的卫生资源的货币总额，按来源法核算；个人现金卫生支出是指城乡居民在接受各类医疗卫生服务时由个人承担支付的费用部分。数据来源：《中国卫生健康统计年鉴》。

（12）贫困发生率：是指生活在贫困标准以下的人口占全部人口的比重，其中现行的农村贫困标准为每人每年2300元（2010年不变价）。用于反映各地区的脱贫攻坚进展。数据来源：《中国统计年鉴》。

3. 生态类平衡发展指数指标说明

（1）空气质量指数优良率：是指一年365天中空气质量达到良（二级）以上即空气质量指数值（以一天24小时中AQI指数最大值计）低于100的天数占比，用于衡量空气质量状况。数据来源：根据全国城市空气质量实时发布数据计算。

（2）细颗粒物浓度（PM2.5）未达标率：是指一年365天中PM2.5浓度（以一天中PM2.5实时值的均值计算日均浓度）高于75μg/m³的天数占比，其中，75μg/m³为环保部设定的PM2.5日浓度二级限值。用于衡量空气质量状况。数据来源：根据全国城市空气质量实时发布数据计算。

（3）臭氧浓度：是指一年365天中臭氧浓度（8小时滑动均值）的75%分位数值。数据来源：根据全国城市空气质量实时发布数据计算。

（4）地表水劣于V类水体比例：是指根据我国地表水环境质量的分类标准（GB 3838—2002），劣于V类水质断面占全部水质断面的比例。用于反映地表水质量状况。数据来源：《中国环境统计年鉴》。

（5）河流水质状况Ⅲ类以上占比：是指河流水质为Ⅰ类、Ⅱ类和Ⅲ类河长占评价总河长的比例，用于反映河流水质状况。数据来源：《中国环境统计年鉴》。

（6）单位耕地面积化肥施用量：是指报告期内每单位可种植农作物、经常耕锄的耕地面积中，氮肥、磷肥、钾肥和复合肥等各种化肥的平均施用量，等于化肥施用总量除以总耕地面积，用于衡量土壤质量状况。数据来源：《中国环境统计年鉴》《中国统计年鉴》。

（7）单位耕地面积农药使用量：是指报告期内每单位可种植农作物、经常耕锄的耕地面积农药的使用量，等于农药使用总量除以总耕地面积，用于衡量土壤质量状况。数据来源：《中国环境统计年鉴》《中国统计年鉴》。

（8）一般工业固体废物综合利用率：是指一般工业固体废物综合利用量与一般工业固体废物产生量的比值。一般工业固体废物系指未被列入《国家危险废物名录》（2016版），或者根据国家规定的危险废物鉴别标准（GB 5085）、固体废物浸出毒性浸出方法（GB 5086）及固体废物浸出毒性测定方法（GB/T 15555）鉴别方法判定不具有危险特性的工业固体废物。数据来源：《中国环境统计年鉴》。

（9）城市日均污水处理能力：是指报告期内污水处理厂（或污水处理装置）每昼夜处理污水量的设计能力，再按城市人口数计算的人均水平，用于反映城市的环境治理情况。数据来源：《中国环境统计年鉴》。

（10）生态质量优良县域面积占国土面积比重：是指根据环保部的生态状况指数，生态质量为"优"和"良"的县域面积占我国国土面积的比重。数据来源：中华人民共和国生态环境部。

（11）造林面积：是指报告期内在可造林的土地上采用人工播种、植苗等方法种植成片乔木林和灌木林，且成活率达到85%及以上的造林面积，用于反映生态保护水平。数据来源：《中国环境统计年鉴》。

4. 民生类平衡发展指数指标说明

（1）居民人均可支配收入：是指居民可用于最终消费支出和储蓄的总和，按照居民家庭人口平均的收入水平，用于衡量居民购买力和生活水平。数据来源：《中国统计年鉴》。

（2）居民人均消费支出：是指家庭人均用于满足日常生活消费需要的全部支

出，包括食品烟酒、衣着、居住、生活用品及服务、交通通信、教育文化娱乐、医疗保健以及其他用品及服务八大类，用于反映居民的人均消费水平。数据来源：《中国统计年鉴》。

（3）求人倍率：一般是指职位的需求人数与相应的求职人数之间的比率，原则上是一适度指标。为适应平衡发展指数的计算方法，取该指标及其倒数二者中的较小值作为最终数据，使之为（0，1）区间上的正向指标，反映劳动力市场供需匹配程度，即数值越大劳动力市场的供需匹配程度越好。本研究所用数据为技师、高级技师、高级技能师和高级工程师四类高技术人才求人倍率的几何平均值，数据来自人力资源和社会保障部。

（4）调查失业率：是指城镇调查失业人数占城镇调查从业人数与城镇调查失业人数之和的比，反映劳动力市场资源配置状况。数据来源：《国家统计局统计月报》。

（5）就业参与率：是指就业人数与15～64岁人口的比值，用来衡量劳动力市场的就业情况。数据来源：《中国统计年鉴》《国家统计局人口抽样调查数据资料》。

（6）城镇人均住房建筑面积：是指按城镇居住人口计算的平均每人拥有的住宅建筑面积，等于家庭平均住房建筑面积/家庭平均人口数，用于反映城镇人口基本居住的发展水平。数据来源：《国家统计局住户调查数据资料》。

（7）房价收入比：是指住房总价与居民家庭年收入之比，用于反映当前我国城镇居民解决购房需求的负担系数。其中，住房总价＝新建商品住宅成交均价×城镇人均住房建筑面积×城镇家庭户均人口；家庭年收入＝城镇居民人均可支配收入×城镇家庭户均人口。数据来源：《中国统计年鉴》《国家统计局住户调查资料》。

（8）农村居住便利设施普及率：是指农村地区住宅具备天然气、自来水和卫生厕所三类居住便利设施的家庭人口平均占比，用于反映农村居民居住发展情况。

由于不存在直接统计口径数据，本指标采用农村用水普及率、农村燃气普及率和农村卫生厕所普及率的几何平均值计算。数据来源：《中国农村统计年鉴》。

（9）高中毛入学率：是指高中阶段在校生总数与15～17岁年龄组人口数之比，用于反映高中阶段教育总体入学水平。数据来源：《中国教育统计年鉴》。

（10）高中及以下阶段生师比：是指每位高中及以下专任教师平均所教的学生数，用于反映高中及以下教师数量充足程度。数据来源：《中国教育统计年鉴》。

（11）高中及以下阶段生均公共财政预算公用经费支出：是指高中及以下的教育公共财政预算公用经费支出与其在校生总数之比，用于反映以高中及以下学生人数平均的公用经费的充足程度。数据来源：《中国教育经费统计年鉴》。

（12）婴儿死亡率：是指一年内一岁以下婴儿死亡人数相对该年每千名活产婴儿的比率，用于反映一个国家或地区的妇幼保健工作水平。数据来源：《中国卫生健康统计年鉴》。

（13）每千人口卫生技术人员数：是指一个国家或地区每千名年末常住人口中拥有的卫生技术人员数，用于反映一个国家或地区的医疗卫生资源水平。数据来源：《中国卫生健康统计年鉴》。

（14）出生时预期寿命：是指新生儿在一定的各年龄组死亡率水平下，平均可能继续生存的年数，用于反映一个国家或地区的卫生服务和健康水平。数据来源：《中国卫生健康统计年鉴》。

（15）每千老年人口养老床位数：是指每千名老年人口可获得的提供住宿的社会服务养老床位数，用于衡量一个国家或地区的养老服务保障水平。数据来源：《中国统计年鉴》。

附录 G　平衡发展指数的计算方法

平衡发展指数是对我国整体发展水平和发展不平衡不充分程度的一种综合量度。对于地区或城乡不平衡问题的反映指标，还要根据相应地区或城乡数据计算其不平衡程度，作为调整系数对标准化水平进行调整。因此，在平衡发展指数的计算过程中将涉及发展指数、平衡发展指数以及因不平衡调整而产生的发展损失等概念。具体计算公式和流程说明如下：

1. 发展指数

如前所述，我们采用极差标准化方法对全国层面指标数据进行标准化处理，基于标准化的结果来衡量发展水平或发展不充分的程度。

记 x_{ijk} 为特定年度三级指标的全国水平，其中，i、j、k 分别表示其对应的一、二、三级指标序号；并记 X_{ijk}^{dvpt} 为其标准值，即发展指数。

对于正向指标，采用如下标准化公式：

$$X_{ijk}^{\text{dvpt}} = \frac{x_{ijk} - x_{ijk}^{\min}}{x_{ijk}^{\max} - x_{ijk}^{\min}} \times 100 \qquad (\text{G-1})$$

式中，$x_{ijk}^{\max}$ 和 $x_{ijk}^{\min}$ 分别为发展充分状态下的理想值和发展极不充分状态下的不允许值[①]。

对于逆向指标，采用如下标准化公式：

$$X_{ijk}^{\text{dvpt}} = \frac{x_{ijk}^{\max} - x_{ijk}}{x_{ijk}^{\max} - x_{ijk}^{\min}} \times 100 \qquad (\text{G-2})$$

式中，$x_{ijk}^{\max}$ 和 $x_{ijk}^{\min}$ 分别为发展极不充分状态下的不允许值和发展充分状态下的理想值。

在所有三级指标的标准化结果中，发展指数越大、越接近于 1，说明发展程

---

① 各指标的取值情况详见附录 C 的表 C-1。

度越高、发展越充分;发展指数越小、越接近于 0,说明发展程度越低、发展越不充分。当然,标准化是以参照值为前提的,故发展指数所体现的发展程度或充分性是相对于参照值而言的。

2. 平衡发展指数

(1)地区和城乡不平衡程度的计算。

记 ine^{IR} 为地区不平衡程度,则有

$$\text{ine}^{\text{IR}} = \text{gini}(x_{ijk}^{1},\cdots,x_{ijk}^{d},\cdots,x_{ijk}^{D};w_{1},\cdots,w_{d},\cdots,w_{D}) \quad (\text{G-3})$$

式中,d 表示地区;D 为地区总数;x_{ijk}^{d} 表示地区 d 的真实水平;w_{d} 表示地区 d 的权重[①]。gini( ) 为基尼系数的计算函数。

类似地,记 $\text{ine}^{\text{U-R}}$ 为城乡不平衡程度。则有

$$\text{ine}^{\text{U-R}} = \text{gini}(x_{ijk}^{\text{U}}, x_{ijk}^{\text{R}}; w_{\text{U}}, w_{\text{R}}) \quad (\text{G-4})$$

式中,记号 U 和 R 分别表示城镇和农村地区;w_{U}、w_{R} 分别表示计算过程中城镇和农村的权重[②]。

(2)平衡调整系数的计算。

平衡调整涉及地区与城乡不平衡双重因素。平衡调整系数根据下式计算:

$$\text{adj\_coef} = \left(1-\text{ine}^{\text{IR}}\right) \times \left(1-\text{ine}^{\text{U-R}}\right) \quad (\text{G-5})$$

如果某个三级指标不属于地区不平衡或城乡不平衡的反映指标,则将不平衡程度 ine^{IR} 或 $\text{ine}^{\text{U-R}}$ 置零。

[①] 由于地区数据是我国 31 个省份的数据,这种划分单元原则上不是同质的,应当考虑加权处理。由于指标的设置和指向差异,需分别设置不同的权重信息,比如人均可支配收入和养老床位数这两个指标,前者对地区内所有常住人口是普适的,应采用各地区的常住人口;后者则主要针对老年人口,应以老年人口数加权。所有的地区指标对应着不同的权重信息,详见附录 D 的表 D-1。
[②] 此处城乡指标计算不平衡所采用的权重信息统一设置为各年度的城镇和农村人口数。

(3)平衡发展指数的计算。

在得到发展指数和平衡调整系数后,进一步计算三级指标的平衡发展指数(BDI_{ijk}),即经平衡系数调整后的发展指数(X_{ijk}^{adj}):

$$\text{BDI}_{ijk} = X_{ijk}^{\text{adj}} = X_{ijk}^{\text{dvpt}} \times \text{adj\_coef}_{ijk} \tag{G-6}$$

3. 发展损失

发展损失(loss)是指因为发展不平衡带来的发展指数的损失,根据平衡发展指数相对于发展指数的损失程度来计算。发展损失的定义式为

$$\begin{aligned}\text{Loss}_{ijk} &= 1 - \text{BDI}_{ijk} / X_{ijk}^{\text{dvpt}} = 1 - \text{adj\_coef}_{ijk} \\ &= \text{ine}_{ijk}^{\text{IR}} + \text{ine}_{ijk}^{\text{U-R}} - \text{ine}_{ijk}^{\text{IR}} \times \text{ine}_{ijk}^{\text{U-R}}\end{aligned} \tag{G-7}$$

计算说明

1. 计算示例

以人均可支配收入为例,2017年我国的人均可支配收入水平为25 974元。这是一个正向指标,且根据我国人均可支配收入水平、发展历史并参照国际标准,其理想值与不允许值分别设置为60 000元和0。按照极差标准化方法,其2017年的发展指数为

$$X_{\text{人均可支配收入}}^{\text{dvpt,2017}} = \frac{25\,974 - 0}{60\,000 - 0} \times 100 = 43.29$$

我国人均可支配收入存在地区发展不平衡和城乡发展不平衡问题,故需根据2017年的地区人均可支配收入和城乡人均可支配收入数据计算不平衡程度和平衡调整系数。在式(G-3)和式(G-4)的基础上,还需要进一步以各地区常住人口数加权计算,才能真实反映地区差异程度。

根据基尼系数的定义式,计算可得人均可支配收入的地区不平衡程度(ine^{IR})

为 0.1614，城乡不平衡程度（$\text{ine}^{\text{U-R}}$）为 0.2075。

于是，人均可支配收入的平衡调整系数为

$$\text{adj\_coef}_{\text{人均可支配收入}} = (1-0.1614) \times (1-0.2075) = 0.6646$$

根据式（G-6），可得人均可支配收入的平衡发展指数为

$$\text{BDI}_{\text{人均可支配收入}} = x^{\text{adj}}_{\text{人均可支配收入}} = 43.29 \times 0.6646 = 28.77$$

根据式（G-7），可得其发展损失为

$$\text{Loss}_{\text{人均可支配收入}} = \frac{43.29 - 28.77}{43.29} \times 100\% = 33.54\%$$

2. 不平衡程度的划分标准

对于所有的正值发展指标，基尼系数方法测度的不平衡程度结果介于 0 和 1 之间。为了便于对比和分析，可以考虑将取值范围作区段划分。对于收入分配基尼系数，国际上已经有一套通行的划分标准来界定不同程度的不平等。考虑到此处计算所采用的数据并非微观数据，同样的指标其基尼系数结果理论上应小于基于微观数据的基尼系数结果，因此，在运用基尼系数方法计算各指标的地区和城乡发展不平衡程度的基础上，我们按如下区段划分地区和城乡发展不平衡程度：

（1）0.1 以下表示指数等级较低（轻度不平衡）；

（2）0.1～0.15 表示指数等级中等（中度不平衡）；

（3）0.15～0.2 表示指数等级中等偏高（中高度不平衡）；

（4）0.2～0.3 表示指数等级较高（高度不平衡）；

（5）0.3 以上表示指数等级极高（极不平衡）。

4. 指数汇总计算

平衡发展指数的汇总计算，需要考虑汇总公式和权重两个方面的问题。

首先，指数的汇总公式一般采用算术平均或几何平均，但在多层级汇总过程中算术平均的含义相对直观，故最终选用算术平均公式汇总。

其次，权重的设定是指数汇总过程中的重要环节，但不同学者对不同领域不同方面的相对重要性的认识不一致，且不同方法、不同出发点的结果往往不同，经多轮意见征求和专家建议，最终采用等权重方案[①]，每个一级指标分别赋权为25%。

因此，在逐级汇总过程中，都采用简单算术平均计算。具体地，平衡发展指数的计算步骤如下：

（1）计算二级平衡发展指数。

采用简单算术平均的方式，将三级平衡发展指数汇总为二级平衡发展指数：

$$\mathrm{BDI}_{ij} = \sum_{k=1}^{L_{ij}} \mathrm{BDI}_{ijk} / L_{ij} \quad \text{（G-8）}$$

式中，L_{ij} 为该二级指标所包含的三级指标个数。

这里，相比于二级发展指数（$X_{ij}^{\mathrm{dvpt}} = \sum_{k=1}^{L_{ij}} X_{ijk}^{\mathrm{dvpt}} / L_{ij}$），由于不平衡调整造成的损失为

$$\mathrm{Loss}_{ij} = 1 - \frac{\mathrm{BDI}_{ij}}{X_{ij}^{\mathrm{dvpt}}} = 1 - \mathrm{BDI}_{ij} / \left(\sum_{k=1}^{L_{ij}} X_{ijk}^{\mathrm{dvpt}} / L_{ij} \right) \quad \text{（G-9）}$$

（2）计算一级平衡发展指数。

采用简单算术平均的方式，将二级平衡发展指标汇总为一级平衡发展指数：

$$\mathrm{BDI}_i = \sum_j \mathrm{BDI}_{ij} / L_i \quad \text{（G-10）}$$

式中，L_i 为该一级指标包含的二级指标个数。

---

① 尽管等权重方案淡化了一级指标之间的相对重要性，但这不失为一种直观且适中的处理方法。为了说明这种权重方案下平衡发展指数结果的适用性和稳健性，我们特地在附录 E 表 E-1、表 E-2 和图 E-1 中进一步给出不同权重方案下的平衡发展指数。结果表明，在合理的权重结构下指数计算结果比较稳健。

这里，相比于一级发展指数（$X_i^{\text{dvpt}} = \sum_j X_{ij}^{\text{dvpt}} / L_i$），由于不平衡调整造成的损失为

$$\text{Loss}_i = 1 - \frac{\text{BDI}_i}{X_i^{\text{dvpt}}} = 1 - \text{BDI}_i / \left(\sum_j X_{ij}^{\text{dvpt}} / L_i \right) \quad （G\text{-}11）$$

（3）计算平衡发展总指数。

采用简单算术平均的方式，将一级平衡发展指标汇总为总平衡发展指数：

$$\text{BDI} = \sum_{i=1}^{L} \text{BDI}_i / L \quad （G\text{-}12）$$

式中，L（=4）为一级指标总个数，从而每个一级指标分别赋权为 25%。

这里，相比于总发展指数（$X^{\text{dvpt}} = \sum_{i=1}^{L} X_i^{\text{dvpt}} / L$），由于不平衡调整造成的损失为

$$\text{Loss} = 1 - \frac{\text{BDI}}{X^{\text{dvpt}}} = 1 - \text{BDI} / \left(\sum_{i=1}^{L} X_i^{\text{dvpt}} / L \right) \quad （G\text{-}13）$$

附录 H 2012—2019 年平衡发展指数测算结果

表 H-1 2012 年平衡发展指数测算结果

项目	BDI	X^{dvpt}	Loss	ine^{IR}	ine^{U-R}
总指数	44.35	52.35	15.28%	0.22	0.26
1 经济	43.61	49.69	12.23%	0.21	0.20
1.1 经济效益	35.41	43.17	17.97%	0.18	—
1.1.1 人均 GDP	33.40	42.25	20.97%	0.21	—
1.1.2 能源产出率	37.70	45.43	17.02%	0.17	—
1.1.3 资本产出率	35.14	41.81	15.96%	0.16	—
1.2 经济结构	49.01	49.01	0	—	—
1.2.1 居民消费率	58.93	58.93	0	—	—
1.2.2 服务贸易占对外贸易比重	39.08	39.08	0	—	—
1.3 创新驱动	33.00	41.83	21.11%	0.40	—
1.3.1 数字经济增加值占比	44.50	44.50	0	—	—
1.3.2 R&D 经费投入强度	46.46	63.53	26.87%	0.27	—
1.3.3 万人发明专利拥有量	8.05	17.47	53.93%	0.54	—
1.4 基础设施	29.86	41.17	27.47%	0.23	0.20
1.4.1 互联网普及率	23.05	34.00	32.22%	0.15	0.20
1.4.2 铁路密度	24.25	34.44	29.58%	0.30	—
1.4.3 城市交通承载力	42.27	55.06	23.23%	0.23	—
1.5 人力资本	70.78	73.27	3.39%	0.04	—
1.5.1 劳动年龄人口占比	83.06	85.35	2.69%	0.03	—
1.5.2 劳动年龄人口平均受教育年限	58.51	61.19	4.38%	0.04	—
2 社会	42.94	48.97	12.30%	0.21	0.37
2.1 社会文明	16.10	22.79	29.36%	0.30	—
2.1.1 人均接受图书馆服务次数	11.10	16.04	30.79%	0.31	—
2.1.2 人均文化事业费	21.10	29.55	28.58%	0.29	—
2.2 社会公平	62.13	62.13	0	—	—
2.2.1 居民人均收入基尼系数	52.60	52.60	0	—	—
2.2.2 劳动就业中的性别差异	71.66	71.66	0	—	—
2.3 社会安全	70.92	80.50	11.90%	0.24	—

续表

项目	BDI	X^{dvpt}	Loss	ine^{IR}	ine$^{\text{U-R}}$
2.3.1 亿元 GDP 生产安全事故死亡人数	61.99	81.16	23.61%	0.24	—
2.3.2 刑事犯罪率	79.84	79.84	0	—	—
2.4 社会治理	18.99	23.17	18.03%	0.20	—
2.4.1 每十万人社会组织数量	28.02	33.07	15.27%	0.15	—
2.4.2 每十万人拥有律师数	9.96	13.26	24.93%	0.25	—
2.5 社会保障	46.58	56.24	17.17%	0.11	0.37
2.5.1 养老金替代率	33.36	63.82	47.74%	0.17	0.37
2.5.2 养老保险覆盖率	64.86	69.36	6.49%	0.06	—
2.5.3 医疗自付比	39.10	42.77	8.56%	0.09	—
2.5.4 贫困发生率	49.00	49.00	0	—	—
3 生态	47.01	60.52	22.32%	0.33	—
3.1 空气质量	46.80	59.57	21.44%	0.25	—
3.1.1 空气质量指数优良率	25.32	37.15	31.84%	0.32	—
3.1.2 细颗粒物浓度（PM2.5）未达标率	36.25	51.29	29.32%	0.29	—
3.1.3 臭氧浓度	78.83	90.27	12.67%	0.13	—
3.2 水质量	49.79	70.95	29.83%	0.57	—
3.2.1 地表水劣于 V 类水体比例	32.57	74.91	56.52%	0.57	—
3.2.2 河流水质状况Ⅲ类以上占比	67.00	67.00	0	—	—
3.3 土壤质量	48.90	74.35	34.23%	0.35	—
3.3.1 单位耕地面积化肥施用量	55.71	78.40	28.94%	0.29	—
3.3.2 单位耕地面积农药使用量	42.10	70.31	40.12%	0.40	—
3.4 环境治理	37.48	45.62	17.86%	0.18	—
3.4.1 一般工业固体废物综合利用率	51.01	61.53	17.09%	0.17	—
3.4.2 城市日均污水处理能力	23.94	29.72	19.44%	0.19	—
3.5 生态保护	52.10	52.10	0	—	—
3.5.1 生态质量优良县域面积占国土面积比重	48.25	48.25	0	—	—
3.5.2 造林面积	55.96	55.96	0	—	—
4 民生	43.85	50.24	12.73%	0.13	0.22
4.1 收入	17.83	28.35	37.09%	0.17	0.24
4.1.1 居民人均可支配收入	17.18	27.78	38.15%	0.18	0.25
4.1.2 居民人均消费支出	18.49	28.92	36.08%	0.17	0.23
4.2 就业	46.04	48.48	5.05%	0.10	—

续表

项目	BDI	X^{dvpt}	Loss	ine^{IR}	ine$^{\text{U-R}}$
4.2.1 求人倍率	44.62	44.62	0	—	—
4.2.2 调查失业率	30.00	30.00	0	—	—
4.2.3 就业参与率	63.49	70.84	10.37%	0.10	—
4.3 居住	52.05	57.83	10.00%	0.10	
4.3.1 城镇人均住房建筑面积	49.74	53.35	6.77%	0.07	
4.3.2 房价收入比	59.63	67.53	11.69%	0.12	
4.3.3 农村居住便利设施普及率	46.77	52.60	11.09%	0.11	
4.4 教育	48.77	51.81	5.85%	0.12	
4.4.1 高中毛入学率	85.00	85.00	0	—	—
4.4.2 高中及以下阶段生师比	29.60	31.99	7.47%	0.07	—
4.4.3 高中及以下阶段生均公共财政预算公用经费支出	31.72	38.43	17.46%	0.17	—
4.5 医疗健康	54.54	64.73	15.74%	0.16	0.21
4.5.1 婴儿死亡率	62.85	79.40	20.84%	—	0.21
4.5.2 每千人口卫生技术人员数	29.73	41.17	27.78%	0.09	0.21
4.5.3 出生时预期寿命	84.64	84.64	0	—	—
4.5.4 每千老年人口养老床位数	40.92	53.70	23.79%	0.24	—

注：BDI 为平衡发展指数，X^{dvpt} 为发展指数，Loss 为发展损失，ine^{IR} 为地区发展不平衡程度，ine$^{\text{U-R}}$ 为城乡发展不平衡程度，下同。

表 H-2 2013 年平衡发展指数测算结果

项目	BDI	X^{dvpt}	Loss	ine^{IR}	ine$^{\text{U-R}}$
总指数	46.02	54.17	15.06%	0.22	0.25
1 经济	45.08	51.45	12.38%	0.21	0.18
1.1 经济效益	36.26	44.11	17.80%	0.18	—
1.1.1 人均 GDP	35.95	45.31	20.66%	0.21	—
1.1.2 能源产出率	39.68	47.24	16.02%	0.16	—
1.1.3 资本产出率	33.15	39.78	16.66%	0.17	—
1.2 经济结构	49.71	49.71	0	—	—
1.2.1 居民消费率	59.38	59.38	0	—	—
1.2.2 服务贸易占对外贸易比重	40.04	40.04	0	—	—
1.3 创新驱动	35.80	45.53	21.37%	0.40	—
1.3.1 数字经济增加值占比	48.70	48.70	0	—	—

续表

项目	BDI	X^{dvpt}	Loss	ine^{IR}	ine$^{\text{U-R}}$
1.3.2 R&D 经费投入强度	48.54	66.34	26.84%	0.27	—
1.3.3 万人发明专利拥有量	10.17	21.55	52.81%	0.53	—
1.4 基础设施	32.79	44.70	26.64%	0.22	0.18
1.4.1 互联网普及率	28.23	39.69	28.89%	0.14	0.18
1.4.2 铁路密度	27.44	38.26	28.28%	0.28	—
1.4.3 城市交通承载力	42.71	56.16	23.94%	0.24	—
1.5 人力资本	70.83	73.19	3.22%	0.03	—
1.5.1 劳动年龄人口占比	82.71	84.78	2.44%	0.02	—
1.5.2 劳动年龄人口平均受教育年限	58.95	61.60	4.30%	0.04	—
2 社会	44.46	50.49	11.93%	0.20	0.37
2.1 社会文明	17.83	25.29	29.50%	0.30	—
2.1.1 人均接受图书馆服务次数	12.15	18.09	32.86%	0.33	—
2.1.2 人均文化事业费	23.51	32.49	27.63%	0.28	—
2.2 社会公平	61.35	61.35	0	—	—
2.2.1 居民人均收入基尼系数	52.70	52.70	0	—	—
2.2.2 劳动就业中的性别差异	70.01	70.01	0	—	—
2.3 社会安全	73.13	81.67	10.46%	0.20	—
2.3.1 亿元 GDP 生产安全事故死亡人数	66.45	83.55	20.46%	0.20	—
2.3.2 刑事犯罪率	79.80	79.80	0	—	—
2.4 社会治理	20.35	25.08	18.87%	0.21	—
2.4.1 每十万人社会组织数量	30.12	36.06	16.46%	0.16	—
2.4.2 每十万人拥有律师数	10.58	14.11	25.05%	0.25	—
2.5 社会保障	49.64	59.03	15.90%	0.10	0.37
2.5.1 养老金替代率	33.25	62.75	47.01%	0.16	0.37
2.5.2 养老保险覆盖率	67.95	72.33	6.05%	0.06	—
2.5.3 医疗自付比	39.87	43.53	8.43%	0.08	—
2.5.4 贫困发生率	57.50	57.50	0	—	—
3 生态	48.41	61.99	21.91%	0.33	—
3.1 空气质量	49.25	62.42	21.11%	0.24	—
3.1.1 空气质量指数优良率	28.15	41.31	31.84%	0.32	—
3.1.2 细颗粒物浓度（PM2.5）未达标率	39.42	55.79	29.33%	0.29	—
3.1.3 臭氧浓度	80.16	90.18	11.11%	0.11	—
3.2 水质量	50.81	72.29	29.72%	0.57	—
3.2.1 地表水劣于 V 类水体比例	33.02	75.98	56.55%	0.57	—

续表

项目	BDI	X^{dvpt}	Loss	ine^{IR}	ine^{U-R}
3.2.2 河流水质状况Ⅲ类以上占比	68.60	68.60	0	—	—
3.3 土壤质量	49.29	74.25	33.62%	0.34	—
3.3.1 单位耕地面积化肥施用量	55.98	78.13	28.35%	0.28	—
3.3.2 单位耕地面积农药使用量	42.60	70.38	39.47%	0.39	—
3.4 环境治理	38.84	47.11	17.55%	0.18	—
3.4.1 一般工业固体废物综合利用率	52.58	62.84	16.32%	0.16	—
3.4.2 城市日均污水处理能力	25.11	31.39	20.01%	0.20	—
3.5 生态保护	53.85	53.85	0	—	—
3.5.1 生态质量优良县域面积占国土面积比重	46.70	46.70	0	—	—
3.5.2 造林面积	61.00	61.00	0	—	—
4 民生	46.12	52.77	12.60%	0.13	0.21
4.1 收入	20.79	31.78	34.59%	0.17	0.22
4.1.1 居民人均可支配收入	19.64	30.52	35.64%	0.17	0.23
4.1.2 居民人均消费支出	21.94	33.05	33.61%	0.17	0.20
4.2 就业	48.06	50.26	4.37%	0.09	—
4.2.1 求人倍率	49.49	49.49	0	—	—
4.2.2 调查失业率	30.00	30.00	0	—	—
4.2.3 就业参与率	64.70	71.29	9.24%	0.09	—
4.3 居住	53.21	59.08	9.94%	0.10	—
4.3.1 城镇人均住房建筑面积	51.72	54.96	5.88%	0.06	—
4.3.2 房价收入比	59.78	68.33	12.52%	0.13	—
4.3.3 农村居住便利设施普及率	48.11	53.95	10.81%	0.11	—
4.4 教育	51.54	55.00	6.28%	0.13	—
4.4.1 高中毛入学率	86.00	86.00	0	—	—
4.4.2 高中及以下阶段生师比	34.52	37.06	6.85%	0.07	—
4.4.3 高中及以下阶段生均公共财政预算公用经费支出	34.11	41.94	18.67%	0.19	—
4.5 医疗健康	57.01	67.75	15.85%	0.18	0.20
4.5.1 婴儿死亡率	65.69	81.00	18.90%	—	0.19
4.5.2 每千人口卫生技术人员数	29.74	43.92	32.28%	0.14	0.21
4.5.3 出生时预期寿命	85.11	85.11	0	—	—
4.5.4 每千老年人口养老床位数	47.49	60.97	22.10%	0.22	—

表 H-3　2014 年平衡发展指数测算结果

项目	BDI	X^{dvpt}	Loss	ine^{IR}	$\text{ine}^{\text{U-R}}$
总指数	47.54	55.95	15.04%	0.22	0.25
1 经济	46.82	53.61	12.66%	0.21	0.18
1.1 经济效益	37.37	45.61	18.07%	0.18	—
1.1.1 人均 GDP	38.47	48.38	20.47%	0.20	—
1.1.2 能源产出率	41.55	49.63	16.28%	0.16	—
1.1.3 资本产出率	32.09	38.83	17.37%	0.17	—
1.2 经济结构	53.55	53.55	0	—	—
1.2.1 居民消费率	60.90	60.90	0	—	—
1.2.2 服务贸易占对外贸易比重	46.20	46.20	0	—	—
1.3 创新驱动	37.62	48.20	21.95%	0.40	—
1.3.1 数字经济增加值占比	51.32	51.32	0	—	—
1.3.2 R&D 经费投入强度	49.13	67.37	27.08%	0.27	—
1.3.3 万人发明专利拥有量	12.40	25.91	52.12%	0.52	—
1.4 基础设施	35.10	47.86	26.66%	0.22	0.18
1.4.1 互联网普及率	30.68	42.92	28.53%	0.13	0.18
1.4.2 铁路密度	32.54	44.31	26.55%	0.27	—
1.4.3 城市交通承载力	42.07	56.35	25.33%	0.25	—
1.5 人力资本	70.47	72.81	3.22%	0.03	—
1.5.1 劳动年龄人口占比	81.59	83.61	2.42%	0.02	—
1.5.2 劳动年龄人口平均受教育年限	59.34	62.01	4.30%	0.04	—
2 社会	46.06	52.37	12.05%	0.21	0.36
2.1 社会文明	19.45	27.46	29.19%	0.30	—
2.1.1 人均接受图书馆服务次数	13.05	19.39	32.71%	0.33	—
2.1.2 人均文化事业费	25.85	35.54	27.27%	0.27	—
2.2 社会公平	62.36	62.36	0	—	—
2.2.1 居民人均收入基尼系数	53.10	53.10	0	—	—
2.2.2 劳动就业中的性别差异	71.63	71.63	0	—	—
2.3 社会安全	73.95	82.94	10.84%	0.21	—
2.3.1 亿元 GDP 生产安全事故死亡人数	67.82	85.80	20.96%	0.21	—
2.3.2 刑事犯罪率	80.08	80.08	0	—	—
2.4 社会治理	22.13	27.52	19.59%	0.21	—
2.4.1 每十万人社会组织数量	32.78	39.72	17.46%	0.17	—

续表

项目	BDI	X^{dvpt}	Loss	ine^{IR}	ine^{U-R}
2.4.2 每十万人拥有律师数	11.48	15.33	25.11%	0.25	—
2.5 社会保障	52.41	61.56	14.87%	0.10	0.36
2.5.1 养老金替代率	32.79	60.88	46.14%	0.15	0.36
2.5.2 养老保险覆盖率	70.10	74.68	6.14%	0.06	—
2.5.3 医疗自付比	42.75	46.69	8.43%	0.08	—
2.5.4 贫困发生率	64.00	64.00	0	—	—
3 生态	49.47	63.11	21.61%	0.33	—
3.1 空气质量	48.69	62.67	22.32%	0.25	—
3.1.1 空气质量指数优良率	30.66	44.98	31.85%	0.32	—
3.1.2 细颗粒物浓度（PM2.5）未达标率	37.56	53.16	29.35%	0.29	—
3.1.3 臭氧浓度	77.84	89.88	13.39%	0.13	—
3.2 水质量	53.13	74.91	29.07%	0.57	—
3.2.1 地表水劣于Ⅴ类水体比例	33.47	77.01	56.54%	0.57	—
3.2.2 河流水质状况Ⅲ类以上占比	72.80	72.80	0	—	—
3.3 土壤质量	49.86	74.04	32.65%	0.33	—
3.3.1 单位耕地面积化肥施用量	56.22	77.80	27.73%	0.28	—
3.3.2 单位耕地面积农药使用量	43.50	70.27	38.10%	0.38	—
3.4 环境治理	38.65	46.91	17.60%	0.18	—
3.4.1 一般工业固体废物综合利用率	52.34	62.75	16.59%	0.17	—
3.4.2 城市日均污水处理能力	24.97	31.07	19.64%	0.20	—
3.5 生态保护	57.01	57.01	0	—	—
3.5.1 生态质量优良县域面积占国土面积比重	45.10	45.10	0	—	—
3.5.2 造林面积	68.92	68.92	0	—	—
4 民生	47.80	54.72	12.64%	0.13	0.21
4.1 收入	23.14	34.92	33.73%	0.16	0.21
4.1.1 居民人均可支配收入	21.86	33.61	34.95%	0.16	0.22
4.1.2 居民人均消费支出	24.42	36.23	32.60%	0.16	0.19
4.2 就业	49.07	51.53	4.76%	0.10	—
4.2.1 求人倍率	52.61	52.61	0	—	—
4.2.2 调查失业率	30.00	30.00	0	—	—
4.2.3 就业参与率	64.61	71.97	10.23%	0.10	—
4.3 居住	54.47	60.72	10.29%	0.10	—

续表

项目	BDI	X^{dvpt}	Loss	ine^{IR}	ine$^{\text{U-R}}$
4.3.1 城镇人均住房建筑面积	51.48	56.26	8.50%	0.09	—
4.3.2 房价收入比	62.43	70.66	11.65%	0.12	—
4.3.3 农村居住便利设施普及率	49.50	55.23	10.37%	0.10	—
4.4 教育	52.38	55.91	6.32%	0.13	—
4.4.1 高中毛入学率	86.50	86.50	0	—	—
4.4.2 高中及以下阶段生师比	35.42	38.02	6.82%	0.07	—
4.4.3 高中及以下阶段生均公共财政预算公用经费支出	35.22	43.22	18.52%	0.19	—
4.5 医疗健康	59.95	70.53	15.00%	0.14	0.20
4.5.1 婴儿死亡率	66.11	82.20	19.57%	—	0.20
4.5.2 每千人口卫生技术人员数	33.86	46.33	26.92%	0.08	0.21
4.5.3 出生时预期寿命	85.58	85.58	0	—	—
4.5.4 每千老年人口养老床位数	54.23	68.00	20.25%	0.20	—

表 H-4　2015 年平衡发展指数测算结果

项目	BDI	X^{dvpt}	Loss	ine^{IR}	ine$^{\text{U-R}}$
总指数	49.03	57.72	15.07%	0.22	0.23
1 经济	48.43	55.65	12.99%	0.21	0.17
1.1 经济效益	38.51	47.21	18.41%	0.18	—
1.1.1 人均 GDP	40.94	51.45	20.43%	0.20	—
1.1.2 能源产出率	43.76	52.55	16.73%	0.17	—
1.1.3 资本产出率	30.84	37.62	18.01%	0.18	—
1.2 经济结构	56.28	56.28	0	—	—
1.2.1 居民消费率	62.66	62.66	0	—	—
1.2.2 服务贸易占对外贸易比重	49.90	49.90	0	—	—
1.3 创新驱动	39.93	51.68	22.75%	0.39	—
1.3.1 数字经济增加值占比	52.97	52.97	0	—	—
1.3.2 R&D 经费投入强度	50.50	68.55	26.34%	0.26	—
1.3.3 万人发明专利拥有量	16.31	33.53	51.35%	0.51	—
1.4 基础设施	37.20	50.61	26.49%	0.22	0.17
1.4.1 互联网普及率	34.02	46.62	27.02%	0.13	0.17
1.4.2 铁路密度	37.17	50.69	26.68%	0.27	—

续表

项目	BDI	X^{dvpt}	Loss	ine^{IR}	ine^{U-R}
1.4.3 城市交通承载力	40.42	54.53	25.88%	0.26	—
1.5 人力资本	70.20	72.47	3.14%	0.03	—
1.5.1 劳动年龄人口占比	80.56	82.52	2.38%	0.02	—
1.5.2 劳动年龄人口平均受教育年限	59.83	62.42	4.15%	0.04	—
2 社会	47.61	54.33	12.36%	0.21	0.34
2.1 社会文明	22.34	31.41	28.87%	0.30	
2.1.1 人均接受图书馆服务次数	14.14	21.42	33.98%	0.34	
2.1.2 人均文化事业费	30.54	41.40	26.22%	0.26	
2.2 社会公平	63.04	63.04	0	—	
2.2.1 居民人均收入基尼系数	53.80	53.80	0	—	
2.2.2 劳动就业中的性别差异	72.27	72.27	0	—	
2.3 社会安全	72.95	82.63	11.71%	0.22	
2.3.1 亿元GDP生产安全事故死亡人数	67.65	87.00	22.24%	0.22	
2.3.2 刑事犯罪率	78.25	78.25	0	—	
2.4 社会治理	23.87	29.91	20.18%	0.22	
2.4.1 每十万人社会组织数量	35.24	43.14	18.32%	0.18	
2.4.2 每十万人拥有律师数	12.51	16.68	24.99%	0.25	
2.5 社会保障	55.85	64.66	13.62%	0.10	0.34
2.5.1 养老金替代率	33.08	59.47	44.37%	0.16	0.34
2.5.2 养老保险覆盖率	71.78	76.44	6.10%	0.06	
2.5.3 医疗自付比	47.05	51.22	8.13%	0.08	
2.5.4 贫困发生率	71.50	71.50	0	—	
3 生态	50.88	64.72	21.38%	0.33	—
3.1 空气质量	51.98	65.80	20.99%	0.24	—
3.1.1 空气质量指数优良率	36.82	50.12	26.53%	0.27	
3.1.2 细颗粒物浓度（PM2.5）未达标率	37.05	56.90	34.89%	0.35	
3.1.3 臭氧浓度	82.08	90.38	9.18%	0.09	
3.2 水质量	53.02	76.10	30.33%	0.59	—
3.2.1 地表水劣于V类水体比例	31.84	78.00	59.18%	0.59	
3.2.2 河流水质状况Ⅲ类以上占比	74.20	74.20	0	—	
3.3 土壤质量	50.07	74.17	32.50%	0.33	—
3.3.1 单位耕地面积化肥施用量	56.33	77.69	27.50%	0.27	

续表

项目	BDI	X^{dvpt}	Loss	ine^{IR}	ine^{U-R}
3.3.2 单位耕地面积农药使用量	43.81	70.65	37.99%	0.38	—
3.4 环境治理	38.47	46.65	17.53%	0.18	—
3.4.1 一般工业固体废物综合利用率	50.62	60.78	16.72%	0.17	—
3.4.2 城市日均污水处理能力	26.33	32.52	19.04%	0.19	—
3.5 生态保护	60.87	60.87	0	—	—
3.5.1 生态质量优良县域面积占国土面积比重	44.90	44.90	0	—	—
3.5.2 造林面积	76.84	76.84	0	—	—
4 民生	49.18	56.20	12.48%	0.12	0.20
4.1 收入	25.46	37.95	32.90%	0.16	0.20
4.1.1 居民人均可支配收入	24.03	36.61	34.36%	0.16	0.22
4.1.2 居民人均消费支出	26.89	39.28	31.55%	0.16	0.19
4.2 就业	48.77	51.35	5.03%	0.11	—
4.2.1 求人倍率	51.73	51.73	0	—	—
4.2.2 调查失业率	30.00	30.00	0	—	—
4.2.3 就业参与率	64.57	72.32	10.71%	0.11	—
4.3 居住	54.70	60.98	10.30%	0.10	—
4.3.1 城镇人均住房建筑面积	52.72	57.69	8.61%	0.09	—
4.3.2 房价收入比	59.75	68.55	12.83%	0.13	—
4.3.3 农村居住便利设施普及率	51.63	56.72	8.97%	0.09	—
4.4 教育	53.73	57.14	5.98%	0.12	—
4.4.1 高中毛入学率	87.00	87.00	0	—	—
4.4.2 高中及以下阶段生师比	35.31	37.77	6.52%	0.07	—
4.4.3 高中及以下阶段生均公共财政预算公用经费支出	38.87	46.66	16.69%	0.17	—
4.5 医疗健康	63.27	73.57	14.00%	0.13	0.19
4.5.1 婴儿死亡率	69.04	83.80	17.61%	—	0.18
4.5.2 每千人口卫生技术人员数	35.65	48.67	26.75%	0.07	0.21
4.5.3 出生时预期寿命	86.04	86.04	0	—	—
4.5.4 每千老年人口养老床位数	62.34	75.78	17.72%	0.18	—

表 H-5 2016 年平衡发展指数测算结果

项目	BDI	X^{dvpt}	Loss	ine^{IR}	ine^{U-R}
总指数	50.13	59.11	15.19%	0.22	0.23
1 经济	49.86	57.45	13.21%	0.20	0.16
1.1 经济效益	39.88	48.93	18.51%	0.18	—
1.1.1 人均 GDP	43.52	54.62	20.32%	0.20	
1.1.2 能源产出率	45.91	55.31	17.00%	0.17	
1.1.3 资本产出率	30.20	36.87	18.09%	0.18	
1.2 经济结构	58.41	58.41	0	—	—
1.2.1 居民消费率	64.49	64.49	0	—	
1.2.2 服务贸易占对外贸易比重	52.33	52.33	0	—	
1.3 创新驱动	42.41	55.59	23.71%	0.38	—
1.3.1 数字经济增加值占比	54.88	54.88	0	—	
1.3.2 R&D 经费投入强度	51.77	70.00	26.04%	0.26	
1.3.3 万人发明专利拥有量	20.58	41.88	50.86%	0.51	
1.4 基础设施	38.72	52.25	25.90%	0.21	0.16
1.4.1 互联网普及率	38.22	51.08	25.17%	0.11	0.16
1.4.2 铁路密度	39.23	52.78	25.67%	0.26	—
1.4.3 城市交通承载力	38.70	52.90	26.84%	0.27	—
1.5 人力资本	69.87	72.05	3.02%	0.03	—
1.5.1 劳动年龄人口占比	79.48	81.27	2.20%	0.02	
1.5.2 劳动年龄人口平均受教育年限	60.26	62.82	4.09%	0.04	
2 社会	49.30	56.42	12.62%	0.21	0.34
2.1 社会文明	24.89	35.16	29.21%	0.30	—
2.1.1 人均接受图书馆服务次数	15.84	23.88	33.66%	0.34	
2.1.2 人均文化事业费	33.94	46.45	26.93%	0.27	
2.2 社会公平	63.19	63.19	0	—	—
2.2.1 居民人均收入基尼系数	53.50	53.50	0	—	
2.2.2 劳动就业中的性别差异	72.87	72.87	0	—	
2.3 社会安全	74.95	84.52	11.31%	0.22	—
2.3.1 亿元 GDP 生产安全事故死亡人数	69.28	88.40	21.63%	0.22	
2.3.2 刑事犯罪率	80.63	80.63	0	—	
2.4 社会治理	25.28	31.80	20.50%	0.22	—
2.4.1 每十万人社会组织数量	36.80	45.45	19.02%	0.19	

续表

项目	BDI	X^{dvpt}	Loss	ine^{IR}	ine^{U-R}
2.4.2 每十万人拥有律师数	13.76	18.15	24.18%	0.24	—
2.5 社会保障	58.17	67.42	13.72%	0.11	0.34
2.5.1 养老金替代率	32.67	60.60	46.10%	0.18	0.34
2.5.2 养老保险覆盖率	74.82	79.55	5.95%	0.06	—
2.5.3 医疗自付比	47.70	52.03	8.33%	0.08	—
2.5.4 贫困发生率	77.50	77.50	0	—	—
3 生态	51.00	64.98	21.51%	0.33	—
3.1 空气质量	55.76	70.08	20.43%	0.22	—
3.1.1 空气质量指数优良率	42.27	55.15	23.35%	0.23	—
3.1.2 细颗粒物浓度（PM2.5）未达标率	42.57	64.83	34.35%	0.34	—
3.1.3 臭氧浓度	82.45	90.25	8.64%	0.09	—
3.2 水质量	54.39	77.70	30.00%	0.59	—
3.2.1 地表水劣于Ⅴ类水体比例	31.89	78.50	59.38%	0.59	—
3.2.2 河流水质状况Ⅲ类以上占比	76.90	76.90	0	—	—
3.3 土壤质量	50.41	74.58	32.41%	0.33	—
3.3.1 单位耕地面积化肥施用量	56.40	77.82	27.53%	0.28	—
3.3.2 单位耕地面积农药使用量	44.41	71.33	37.74%	0.38	—
3.4 环境治理	37.44	45.55	17.80%	0.18	—
3.4.1 一般工业固体废物综合利用率	47.37	56.84	16.66%	0.17	—
3.4.2 城市日均污水处理能力	27.50	34.25	19.71%	0.20	—
3.5 生态保护	57.02	57.02	0	—	—
3.5.1 生态质量优良县域面积占国土面积比重	42.00	42.00	0	—	—
3.5.2 造林面积	72.04	72.04	0	—	—
4 民生	50.37	57.59	12.53%	0.12	0.20
4.1 收入	27.89	41.24	32.36%	0.16	0.20
4.1.1 居民人均可支配收入	26.23	39.70	33.94%	0.16	0.21
4.1.2 居民人均消费支出	29.56	42.78	30.90%	0.16	0.18
4.2 就业	48.34	51.02	5.27%	0.11	—
4.2.1 求人倍率	50.45	50.45	0	—	—
4.2.2 调查失业率	30.00	30.00	0	—	—
4.2.3 就业参与率	64.56	72.62	11.10%	0.11	—
4.3 居住	55.36	61.72	10.31%	0.10	—

续表

项目	BDI	X^{dvpt}	Loss	ine^{IR}	ine^{U-R}
4.3.1 城镇人均住房建筑面积	57.05	61.60	7.39%	0.07	—
4.3.2 房价收入比	55.81	65.50	14.80%	0.15	—
4.3.3 农村居住便利设施普及率	53.22	58.07	8.35%	0.08	—
4.4 教育	55.11	58.57	5.90%	0.11	—
4.4.1 高中毛入学率	87.50	87.50	0	—	—
4.4.2 高中及以下阶段生师比	35.42	37.83	6.39%	0.06	—
4.4.3 高中及以下阶段生均公共财政预算公用经费支出	42.42	50.37	15.79%	0.16	—
4.5 医疗健康	65.16	75.38	13.55%	0.11	0.19
4.5.1 婴儿死亡率	69.03	85.00	18.79%	—	0.19
4.5.2 每千人口卫生技术人员数	37.75	51.00	25.98%	0.07	0.20
4.5.3 出生时预期寿命	86.48	86.48	0	—	—
4.5.4 每千老年人口养老床位数	67.41	79.05	14.73%	0.15	—

表 H-6　2017 年平衡发展指数测算结果

项目	BDI	X^{dvpt}	Loss	ine^{IR}	ine^{U-R}
总指数	51.29	60.58	15.33%	0.22	0.22
1 经济	50.60	58.50	13.50%	0.20	0.15
1.1 经济效益	41.57	50.65	17.93%	0.18	—
1.1.1 人均 GDP	46.34	57.99	20.09%	0.20	—
1.1.2 能源产出率	48.53	57.39	15.45%	0.15	—
1.1.3 资本产出率	29.84	36.58	18.42%	0.18	—
1.2 经济结构	56.84	56.84	0	—	—
1.2.1 居民消费率	64.47	64.47	0	—	—
1.2.2 服务贸易占对外贸易比重	49.20	49.20	0	—	—
1.3 创新驱动	45.31	59.72	24.13%	0.38	—
1.3.1 数字经济增加值占比	57.64	57.64	0	—	—
1.3.2 R&D 经费投入强度	53.08	70.67	24.88%	0.25	—
1.3.3 万人发明专利拥有量	25.21	50.86	50.43%	0.50	—
1.4 基础设施	40.07	53.87	25.62%	0.21	0.15
1.4.1 互联网普及率	42.07	55.08	23.61%	0.10	0.15
1.4.2 铁路密度	40.71	54.86	25.80%	0.26	—
1.4.3 城市交通承载力	37.43	51.67	27.56%	0.28	—

续表

项目	BDI	X^{dvpt}	Loss	ine^{IR}	ine$^{\text{U-R}}$
1.5 人力资本	69.20	71.40	3.09%	0.03	—
1.5.1 劳动年龄人口占比	77.68	79.54	2.34%	0.02	—
1.5.2 劳动年龄人口平均受教育年限	60.72	63.26	4.02%	0.04	—
2 社会	51.26	58.86	12.91%	0.21	0.34
2.1 社会文明	28.09	39.04	28.05%	0.29	—
2.1.1 人均接受图书馆服务次数	18.23	26.78	31.91%	0.32	—
2.1.2 人均文化事业费	37.95	51.31	26.03%	0.26	—
2.2 社会公平	63.75	63.75	0	—	—
2.2.1 居民人均收入基尼系数	53.30	53.30	0	—	—
2.2.2 劳动就业中的性别差异	74.19	74.19	0	—	—
2.3 社会安全	76.09	87.21	12.75%	0.24	—
2.3.1 亿元 GDP 生产安全事故死亡人数	68.61	90.85	24.48%	0.24	—
2.3.2 刑事犯罪率	83.57	83.57	0	—	—
2.4 社会治理	27.29	34.34	20.52%	0.22	—
2.4.1 每十万人社会组织数量	39.79	48.91	18.65%	0.19	—
2.4.2 每十万人拥有律师数	14.80	19.77	25.13%	0.25	—
2.5 社会保障	61.09	69.95	12.67%	0.10	0.34
2.5.1 养老金替代率	33.57	60.66	44.66%	0.17	0.34
2.5.2 养老保险覆盖率	78.07	82.61	5.50%	0.06	—
2.5.3 医疗自付比	48.23	52.05	7.33%	0.07	—
2.5.4 贫困发生率	84.50	84.50	0	—	—
3 生态	51.90	66.22	21.62%	0.34	—
3.1 空气质量	57.58	71.95	19.96%	0.21	—
3.1.1 空气质量指数优良率	43.28	55.77	22.40%	0.22	—
3.1.2 细颗粒物浓度（PM2.5）未达标率	47.00	70.57	33.40%	0.33	—
3.1.3 臭氧浓度	82.47	89.50	7.85%	0.08	—
3.2 水质量	54.80	78.88	30.52%	0.61	—
3.2.1 地表水劣于 V 类水体比例	31.11	79.25	60.75%	0.61	—
3.2.2 河流水质状况Ⅲ类以上占比	78.50	78.50	0	—	—
3.3 土壤质量	51.15	75.51	32.26%	0.32	—
3.3.1 单位耕地面积化肥施用量	56.61	78.28	27.69%	0.28	—

续表

项目	BDI	X^{dvpt}	Loss	ine^{IR}	ine^{U-R}
3.3.2 单位耕地面积农药使用量	45.69	72.73	37.18%	0.37	—
3.4 环境治理	35.89	44.69	19.69%	0.20	—
3.4.1 一般工业固体废物综合利用率	42.66	53.30	19.96%	0.20	—
3.4.2 城市日均污水处理能力	29.11	36.08	19.30%	0.19	—
3.5 生态保护	60.08	60.08	0	—	—
3.5.1 生态质量优良县域面积占国土面积比重	43.35	43.35	0	—	—
3.5.2 造林面积	76.81	76.81	0	—	—
4 民生	51.41	58.75	12.49%	0.12	0.18
4.1 收入	30.43	44.55	31.69%	0.16	0.19
4.1.1 居民人均可支配收入	28.77	43.29	33.54%	0.16	0.21
4.1.2 居民人均消费支出	32.09	45.81	29.94%	0.15	0.17
4.2 就业	47.49	50.53	6.01%	0.12	—
4.2.1 求人倍率	48.33	48.33	0	—	—
4.2.2 调查失业率	30.00	30.00	0	—	—
4.2.3 就业参与率	64.14	73.25	12.43%	0.12	—
4.3 居住	56.15	62.56	10.25%	0.10	—
4.3.1 城镇人均住房建筑面积	57.44	62.27	7.75%	0.08	—
4.3.2 房价收入比	56.98	66.66	14.51%	0.15	—
4.3.3 农村居住便利设施普及率	54.03	58.76	8.06%	0.08	—
4.4 教育	56.45	59.98	5.89%	0.11	—
4.4.1 高中毛入学率	88.30	88.30	0	—	—
4.4.2 高中及以下阶段生师比	36.08	38.38	6.01%	0.06	—
4.4.3 高中及以下阶段生均公共财政预算公用经费支出	44.97	53.25	15.56%	0.16	—
4.5 医疗健康	66.53	76.14	12.62%	0.11	0.18
4.5.1 婴儿死亡率	72.56	86.46	16.08%	—	0.16
4.5.2 每千人口卫生技术人员数	40.31	53.92	25.23%	0.07	0.20
4.5.3 出生时预期寿命	86.88	86.88	0	—	—
4.5.4 每千老年人口养老床位数	66.39	77.30	14.12%	0.14	—

表 H-7　2018年平衡发展指数测算结果

项目	BDI	X^{dvpt}	Loss	ine^{IR}	ine^{U-R}
总指数	52.37	62.15	15.73%	0.22	0.21
1 经济	51.73	60.07	13.88%	0.20	0.14
1.1 经济效益	42.98	52.31	17.84%	0.18	—
1.1.1 人均GDP	49.31	61.51	19.85%	0.20	—
1.1.2 能源产出率	50.28	59.15	15.00%	0.15	—
1.1.3 资本产出率	29.35	36.26	19.06%	0.19	—
1.2 经济结构	56.57	56.57	0	—	—
1.2.1 居民消费率	64.45	64.45	0	—	—
1.2.2 服务贸易占对外贸易比重	48.68	48.68	0	—	—
1.3 创新驱动	47.90	63.89	25.02%	0.38	—
1.3.1 数字经济增加值占比	60.77	60.77	0	—	—
1.3.2 R&D经费投入强度	53.49	71.33	25.02%	0.25	—
1.3.3 万人发明专利拥有量	29.45	59.56	50.56%	0.51	—
1.4 基础设施	42.67	56.72	24.78%	0.21	0.14
1.4.1 互联网普及率	48.09	60.92	21.07%	0.08	0.14
1.4.2 铁路密度	43.23	58.13	25.62%	0.26	—
1.4.3 城市交通承载力	36.68	51.12	28.25%	0.28	—
1.5 人力资本	68.54	70.84	3.24%	0.03	—
1.5.1 劳动年龄人口占比	75.94	78.01	2.65%	0.03	—
1.5.2 劳动年龄人口平均受教育年限	61.14	63.67	3.96%	0.04	—
2 社会	53.00	60.79	12.81%	0.21	0.32
2.1 社会文明	30.44	42.42	28.24%	0.29	—
2.1.1 人均接受图书馆服务次数	20.17	29.39	31.39%	0.31	—
2.1.2 人均文化事业费	40.71	55.44	26.56%	0.27	—
2.2 社会公平	63.90	63.90	0	—	—
2.2.1 居民人均收入基尼系数	53.20	53.20	0	—	—
2.2.2 劳动就业中的性别差异	74.59	74.59	0	—	—
2.3 社会安全	77.03	88.63	13.09%	0.25	—
2.3.1 亿元GDP生产安全事故死亡人数	69.20	92.40	25.11%	0.25	—
2.3.2 刑事犯罪率	84.86	84.86	0	—	—
2.4 社会治理	30.62	37.80	19.01%	0.20	—
2.4.1 每十万人社会组织数量	43.07	52.26	17.59%	0.18	—

续表

项目	BDI	X^{dvpt}	Loss	ine^{IR}	ine^{U-R}
2.4.2 每十万人拥有律师数	18.16	23.34	22.18%	0.22	—
2.5 社会保障	63.02	71.19	11.47%	0.09	0.32
2.5.1 养老金替代率	35.10	59.72	41.22%	0.13	0.32
2.5.2 养老保险覆盖率	77.09	81.21	5.07%	0.05	—
2.5.3 医疗自付比	48.38	52.32	7.52%	0.08	—
2.5.4 贫困发生率	91.50	91.50	0	—	—
3 生态	52.41	67.83	22.73%	0.35	—
3.1 空气质量	60.84	76.72	20.70%	0.21	—
3.1.1 空气质量指数优良率	51.67	62.98	17.95%	0.18	—
3.1.2 细颗粒物浓度（PM2.5）未达标率	48.53	77.92	37.71%	0.38	—
3.1.3 臭氧浓度	82.30	89.25	7.78%	0.08	—
3.2 水质量	55.07	82.43	33.19%	0.66	—
3.2.1 地表水劣于 V 类水体比例	28.54	83.25	65.72%	0.66	—
3.2.2 河流水质状况Ⅲ类以上占比	81.60	81.60	0	—	—
3.3 土壤质量	52.11	77.14	32.45%	0.33	—
3.3.1 单位耕地面积化肥施用量	57.32	79.04	27.49%	0.27	—
3.3.2 单位耕地面积农药使用量	46.90	75.23	37.66%	0.38	—
3.4 环境治理	35.20	44.04	20.09%	0.20	—
3.4.1 一般工业固体废物综合利用率	42.27	53.18	20.52%	0.21	—
3.4.2 城市日均污水处理能力	28.12	34.91	19.43%	0.19	—
3.5 生态保护	58.85	58.85	0	—	—
3.5.1 生态质量优良县域面积占国土面积比重	44.70	44.70	0	—	—
3.5.2 造林面积	72.99	72.99	0	—	—
4 民生	52.34	59.91	12.63%	0.12	0.18
4.1 收入	33.45	48.34	30.80%	0.15	0.18
4.1.1 居民人均可支配收入	31.49	47.05	33.07%	0.16	0.20
4.1.2 居民人均消费支出	35.41	49.63	28.66%	0.15	0.16
4.2 就业	46.22	49.29	6.23%	0.12	—
4.2.1 求人倍率	44.46	44.46	0	—	—
4.2.2 调查失业率	29.52	29.52	0	—	—
4.2.3 就业参与率	64.67	73.88	12.47%	0.12	—
4.3 居住	56.86	62.82	9.49%	0.10	—

续表

项目	BDI	X^{dvpt}	Loss	ine^{IR}	ine^{U-R}
4.3.1 城镇人均住房建筑面积	61.77	66.95	7.74%	0.08	—
4.3.2 房价收入比	53.05	61.00	13.03%	0.13	—
4.3.3 农村居住便利设施普及率	55.76	60.51	7.86%	0.08	—
4.4 教育	58.97	62.87	6.20%	0.11	—
4.4.1 高中毛入学率	88.80	88.80	0	—	—
4.4.2 高中及以下阶段生师比	36.01	38.12	5.53%	0.06	—
4.4.3 高中及以下阶段生均公共财政预算公用经费支出	52.11	61.69	15.53%	0.16	—
4.5 医疗健康	66.20	76.21	13.14%	0.11	0.18
4.5.1 婴儿死亡率	72.45	87.80	17.49%	—	0.17
4.5.2 每千人口卫生技术人员数	43.40	56.92	23.74%	0.07	0.18
4.5.3 出生时预期寿命	87.24	87.24	0	—	—
4.5.4 每千老年人口养老床位数	61.70	72.88	15.34%	0.15	—

表 H-8　2019 年平衡发展指数测算结果

项目	BDI	X^{dvpt}	Loss	ine^{IR}	ine^{U-R}
总指数	53.86	63.86	15.67%	0.22	0.20
1 经济	53.46	62.23	14.10%	0.20	0.11
1.1 经济效益	44.39	53.99	17.77%	0.18	—
1.1.1 人均 GDP	52.30	65.02	19.56%	0.20	—
1.1.2 能源产出率	51.55	60.73	15.11%	0.15	—
1.1.3 资本产出率	29.33	36.21	19.01%	0.19	—
1.2 经济结构	56.72	56.72	0	—	—
1.2.1 居民消费率	64.64	64.64	0	—	—
1.2.2 服务贸易占对外贸易比重	48.79	48.79	0	—	—
1.3 创新驱动	51.42	69.27	25.76%	0.38	—
1.3.1 数字经济增加值占比	64.68	64.68	0	—	—
1.3.2 R&D 经费投入强度	55.85	74.33	24.86%	0.25	—
1.3.3 万人发明专利拥有量	33.73	68.79	50.96%	0.51	—
1.4 基础设施	46.71	60.85	23.24%	0.20	0.11
1.4.1 互联网普及率	56.87	68.46	16.93%	0.07	0.11
1.4.2 铁路密度	47.59	63.82	25.44%	0.25	—
1.4.3 城市交通承载力	35.67	50.27	29.04%	0.29	—

续表

项目	BDI	X^{dvpt}	Loss	ine^{IR}	ine^{U-R}
1.5 人力资本	68.04	70.35	3.27%	0.03	—
1.5.1 劳动年龄人口占比	74.51	76.61	2.74%	0.03	—
1.5.2 劳动年龄人口平均受教育年限	61.58	64.09	3.92%	0.04	—
2 社会	54.71	63.11	13.31%	0.21	0.32
2.1 社会文明	34.18	47.79	28.49%	0.29	—
2.1.1 人均接受图书馆服务次数	21.88	32.19	32.04%	0.32	—
2.1.2 人均文化事业费	46.48	63.39	26.69%	0.27	—
2.2 社会公平	65.01	65.01	0	—	—
2.2.1 居民人均收入基尼系数	53.50	53.50	0	—	—
2.2.2 劳动就业中的性别差异	76.51	76.51	0	—	—
2.3 社会安全	77.18	89.76	14.02%	0.27	—
2.3.1 亿元GDP生产安全事故死亡人数	68.83	94.00	26.78%	0.27	—
2.3.2 刑事犯罪率	85.53	85.53	0	—	—
2.4 社会治理	32.78	40.51	19.07%	0.20	—
2.4.1 每十万人社会组织数量	45.31	55.10	17.77%	0.18	—
2.4.2 每十万人拥有律师数	20.26	25.92	21.83%	0.22	—
2.5 社会保障	64.40	72.48	11.15%	0.09	0.32
2.5.1 养老金替代率	33.24	57.24	41.94%	0.15	0.32
2.5.2 养老保险覆盖率	78.55	82.97	5.32%	0.05	—
2.5.3 医疗自付比	48.82	52.73	7.41%	0.07	—
2.5.4 贫困发生率	97.00	97.00	0	—	—
3 生态	52.84	68.15	22.47%	0.35	—
3.1 空气质量	62.30	78.98	21.12%	0.21	—
3.1.1 空气质量指数优良率	55.32	66.12	16.33%	0.16	—
3.1.2 细颗粒物浓度（PM2.5）未达标率	49.70	81.20	38.79%	0.39	—
3.1.3 臭氧浓度	81.88	89.63	8.64%	0.09	—
3.2 水质量	55.83	82.37	32.21%	0.66	—
3.2.1 地表水劣于V类水体比例	27.68	80.75	65.72%	0.66	—
3.2.2 河流水质状况Ⅲ类以上占比	83.98	83.98	0	—	—
3.3 土壤质量	52.15	76.11	31.47%	0.32	—
3.3.1 单位耕地面积化肥施用量	57.09	78.22	27.02%	0.27	—
3.3.2 单位耕地面积农药使用量	47.21	73.99	36.19%	0.36	—

续表

项目	BDI	X^{dvpt}	Loss	ine^{IR}	ine^{U-R}
3.4 环境治理	34.60	43.99	21.34%	0.21	—
3.4.1 一般工业固体废物综合利用率	39.51	51.60	23.42%	0.23	—
3.4.2 城市日均污水处理能力	29.68	36.38	18.40%	0.18	—
3.5 生态保护	59.30	59.30	0	—	—
3.5.1 生态质量优良县域面积占国土面积比重	44.70	44.70	0	—	—
3.5.2 造林面积	73.90	73.90	0	—	—
4 民生	54.43	61.96	12.15%	0.11	0.17
4.1 收入	36.68	52.56	30.21%	0.15	0.18
4.1.1 居民人均可支配收入	34.58	51.22	32.48%	0.16	0.20
4.1.2 居民人均消费支出	38.78	53.90	28.04%	0.15	0.16
4.2 就业	46.08	49.12	6.18%	0.12	—
4.2.1 求人倍率	46.57	46.57	0	—	—
4.2.2 调查失业率	26.43	26.43	0	—	—
4.2.3 就业参与率	65.24	74.35	12.25%	0.12	—
4.3 居住	58.69	63.61	7.74%	0.08	—
4.3.1 城镇人均住房建筑面积	67.09	68.73	2.39%	0.02	—
4.3.2 房价收入比	52.28	60.44	13.49%	0.13	—
4.3.3 农村居住便利设施普及率	56.69	61.67	8.07%	0.08	—
4.4 教育	62.13	66.20	6.15%	0.10	—
4.4.1 高中毛入学率	89.50	89.50	0	—	—
4.4.2 高中及以下阶段生师比	36.43	38.52	5.41%	0.05	—
4.4.3 高中及以下阶段生均公共财政预算公用经费支出	60.46	70.60	14.36%	0.14	—
4.5 医疗健康	68.58	78.33	12.44%	0.10	0.17
4.5.1 婴儿死亡率	74.24	88.80	16.39%	0.00	0.16
4.5.2 每千人口卫生技术人员数	46.97	60.50	22.37%	0.07	0.17
4.5.3 出生时预期寿命	87.76	87.76	0	—	—
4.5.4 每千老年人口养老床位数	65.36	76.25	14.29%	0.14	—